그러니까 너야

김어진(본명 김영진) 시인은 인천에서 태어나 2017년 ≪리토피아≫로 등단했다. 시집으로 『달 보드레 나르샤』, 『옳지, 봄』, 『항아리 속의 불씨』, 『붉은 수염의 침대에서 자다』가 있다. 아라작품상, 리토피아문학상을 수상했으며, 리토피아문학회와 막비시동인으로 활동하고 있다.

e메일 : y825jabcde@daum.net

리토피아포에지 · 141
그러니까 너야

인쇄 2023 3. 25 발행 2023 3. 30
지은이 김어진 펴낸이 정기옥
펴낸곳 리토피아
출판등록 2006. 6. 15. 제2006-12호
주소 21315 인천시 부평구 평천로255번길 13, 903호
전화 032-883-5356 전송032-891-5356
홈페이지 www.litopia21.com 전자우편 litopia@hanmail.net

ISBN-978-89-6412-177-1 03810

값 14,000원

김어진 시집

그러니까 너야

LITERATURE & UTOPIA

시인의 말

바람처럼 돌고 돌아
누군가 기다리는 사람아,
대나무숲에
난입한 달빛처럼 오시라.

창 너머 너를 기다리는데
어둡기 전에 오시라.

머무를 수 없는 철새처럼
하얀 민들레 갓털 사이로,
산들바람이 불어오면
물봉선 빛으로 오시라.

2023년 2월
김어진

차례

제1부

제2부

제3부

제4부

제5부

| 제1부 |

그러니까 너야 · 1

—내 삶에 겨울이 오면

내 삶에 겨울이 오면 나에게 무얼 물어보게 될까 생각 중입니다.

내 삶에 겨울이 오면 나에게 자연을 사랑했냐 물을 겁니다.
내 삶에 겨울이 오면 나에게 사람들을 사랑했냐 물을 겁니다.

내 삶에 겨울이 오면 자연스럽게 답할 수 있도록 많은 것을 사랑하겠습니다.

그러니까 너야 · 2

—낙화

풀꽃은 사과꽃을 모방하려 했지만 열매가 달 수는 없었다. 어느 날 한 뼘의 낮은 키로 높게 매달린 사과를 보고, 풀꽃들이 사과나무를 향해 다리를 내밀고 놀기 시작했다. 네 다리 내 다리 개구리 다리 닭 다리 리리 리 자로 끝나는 것은,

연이어 모방 놀이를 하느라 시간 가는 줄 몰랐지만, 풀꽃은 사과꽃을 따라갈 수 없다는 생각에 잠길 때, 두루미 날개에서 생긴 바람이 구름에 적어 놓는다. 풀꽃이든 사과꽃이든 꽃이란 꽃은 다 떨어지게 되어 있단다.

그러니까 너야 · 3

—벚꽃 사랑

새벽녘에 창밖을 보니 봄 벚꽃이 흐드러지네.
허공에 두른 꽃 커튼 뒤로 수줍은 그대가 웃네.
달콤새콤한 풋과일이 입안을 사정없이 감싸네.
하얀 벚꽃 사랑은 탐색과 유인과 공격이라네.
나에게 그대가 사랑의 독배를 드시라 한다면.
그대의 애창곡 한 소절로 마지막 독배를 삼겠네.

그러니까 너야 · 4

—노랑 보자기

여름의 입체적인 오늘이 평면적인 보자기 위에 펼쳐진다. 산과 들에 숲과 나무는 뒤엉켜 입체적으로 울울창창하다. 바다는 보자기를 평면으로 펼쳐 수평선에 목을 매고 있다.

둥글고 각진 거 어떤 모양이라도 보자기에 담을 수 있다. 나는 노란 보자기에 집문서 싸서 보관한 가문의 자손이다. 어머니 시집오실 때 지니고 온 금반지 팔찌의 보석함이다.

소풍 가서 어머니 치마 같은 보자기 깔면 밥상이 되었다. 음식 펼쳐 먹고 마시고 돌아올 때는 쓰레기를 담아오곤 했다. 오늘따라 빨랫줄에 걸린 노랑 보자기가 행복하게 펄럭인다.

그러니까 너야 · 5
—달

내가 사랑하는 그 여자는 달이며 달은 최면 사이다. 달처럼 반짝이는 하얀 얼굴에 노란 모자를 쓴 그녀가, 회중시계를 추처럼 흔들며 침착한 목소리로 외친다. 이제 당신은 천천히 가장 편안한 최면상태에 빠져듭니다.

나의 행동과 생각과 기억이 통제되는 상상을 한다. 회중시계 같은 사물에 고도로 집중할 수 있도록 하며, 일어서, 앉아, 눈 감고 노란 달스럽게 명령을 내리면, 나는 그사이 나를 매료시키는 달의 심장을 훔친다.

그러니까 너야 · 6

—오이소박이

한해살이 여름 노란 통꽃이 겨드랑이에서 피고 오이가 달리면, 소싯적 어머니는 호랑이보다 무서운 여름을 오이로 다스렸다. 오이 절일 때 나는 부엌에서 뜨거운 소금물을 떠다 주곤 했다.

어머니는 오이 꼭지를 바싹 말려 맷돌에 갈아 가루로 만드셨다. 황달기 있는 동네 사람이 오면 콧속에 가루를 불어 넣어 주셨는데, 동네에서 허준이라 불러줘 어느 해인가 장한 어머니상을 받으셨다.

그러니까 너야 · 7

–장마가 올라오던 날

끈끈한 공기가 개 혓바닥의 침처럼 착착 달라붙던 날이다.
장마가 제주도에서 밀려와 간석동 시야가 흐리던 날이다.
홀로 집에서 시詩의 싹은 보이지도 않고 열리지도 않는다.

쇼파에 앉아 불편한 옷을 벗어 던지고 바보상자를 튼다.
늘씬하게 뻗은 여가수가 간드러지게 새벽 비를 부른다.
그녀의 하얀 어깨살이 산 낙지를 씹듯 꼬물꼬물 거린다.

그러니까 너야 · 8
–인연

석바위 은행나무 가로수길을 가슴에 품고 살고 있다.
이 은행나무도 옆 수컷 은행나무의 사랑을 먹으며 살았다.
언제부턴가 암컷 은행나무가 몸부림을 쳐대곤 하였다.
극심한 통증으로 동공이 확장되며 땀을 흘리기도 했다.

병이 깊었지만 누울 수 없어 선 채로 말라가고 있었다.
봄이 오자 구청 직원들이 다 죽은 은행나무 밑을 잘랐다.
은행나무 자른 자리에 바람들이 문상을 드리고 떠난다.
만남도 인연, 헤어짐도 인연, 머무는 것도 인연이란다.

그러니까 너야 · 9

—H2O

연못가 부들 사이로 소금쟁이가 나타났다. 봄날의 개구리 알은 소금쟁이의 출연료다. 우주에서 가장 이상하고 흔한 물이 그의 집이다. 물은 변하지 않으며 엄청난 열을 흡수한다. 그래서 해안가 도시들은 따듯한 온기에 쌓이고, 피부를 가진 물은 표면에 닿으면 서로 잡아당긴다. 물은 머리 하나에 귀가 둘 달린 미키마우스다.

두 개의 수소 귀와 하나의 산소 머리다. 비 내리는 날 자세히 들여다보면, 미키마우스가 하늘에서 비처럼 떨어진다. 물 위에서 사냥하는 소금쟁이, 카누에 노처럼 달린 네 개의 털이 달린 다리가. 바다에서 태어난 미의 여신 비너스를 데리고, 바람에 밀려온 해안가의 봄을 건너는 중이다.

그러니까 너야 · 10

—아시나요

새는 사랑한다는 말을 많이 한다고 합니다만, 날아가는 순간에는 사랑한다는 말 하지 않습니다. 말을 하면 공기가 몸속으로 스며들어와 날갯짓이 힘들어집니다.

그래서 새는 해를 물고 날아가는 버릇이 있습니다. 해가 지평선에 걸치면 새는 제집을 찾습니다. 그때 입에 물고 온 따뜻한 해를 둥지에 깔아 놓습니다.

새는 입을 열 수 없는 허공에서 오랫동안 날지 않습니다. 사랑한다는 말이 하고 싶어 금방 나무에 앉는다고 합니다. 지지고 볶고 지지 베 베 지지 베 베, 이는 사랑한다는 말입니다.

그러니까 너야 · 11

―코스모스

들판에 무더기로 피는 코스모스는 질서정연한 우주의 발자국이다. 저 꽃들은 이기적인 생각으로 항상 흔들리는 도리도리질 아기다. 외로움은 지독히 눈물 나게 싫어하면서 자유로움은 놓치지 않는다.

저 꽃들도 새처럼 날고 싶어 하지만 제자리 지키는 삶을 선택했다. 우리는 두 갈래 코스모스 길에서 의사결정 장애 일으킬 때 이따금, 하늘과 땅의 이치 깨달으라고 엄마가 가르쳐준 곤지곤지를 생각한다.

그러니까 너야 · 12

–젖 나왔습니다

춘천에서 군대 생활을 하게 됐다. 행정처 서무계에 배치를 받아 몇 달이 지났을 때인데, 후임병 경상도 출신 김 이병이 전화를 받더니 선임하사님 젖 나왔습니다 한다. 웃다가 배가 금방 꺼져 그날 점심 기다리는데 혼이 났다.

전화 왔습니다. 여러 번 교육했는데 소리 나는 대로 발음을 해서 고치기가 어려웠다. 선임하사님 젖 나왔습니다. 예의 바르게 전화 받아주던 경상도 사나이, 샤워할 때마다 가끔 그를 생각하며 혼자 웃는다.

그러니까 너야 · 13

–포도나무와 대화하기

여름이면 포도나무 아래 평상에서 가족이 모여 저녁 식사를 할 때 젖은 풀을 태워 모기의 접근을 막았다.

삼십 년째 다이어트 중인 그녀가 다 먹은 밥상을 치우면, 각자 흩어지고 나만 홀로 남아 포도나무에게 물었다.

그리 탐스러운 포도를 주렁주렁 어찌 매달고 있느냐. 너는 참 아름답고 가치 있고 강하고 매우 자유롭구나.

포도나무가 내 말을 들으려 귀를 쫑긋 열어 읽어내고, 몸을 흔들어 들릴 듯 말 듯 한 바람의 소리를 엮는다.

혈기방장한 보름달이 매지구름 속에서 숨바꼭질하는데, 친구처럼 대화하려고 포도나무밭으로 깊숙이 들어간다.

하얀 달빛 색을 귀에 바르고 지그시 대화를 시도했지만, 아무 말도 하지 않고 검붉은 포도 미소만 보낼 뿐이다.

그러니까 너야 · 14
—개미

봄이 배꼽 산의 지평을 넓히는 날 바위에 앉아 쉬는데 개미가 묻는다. 당신의 종種은 이기적이라 호모사피언스 한 종種밖에 없지 않은가. 어쩔 수 없이 배타적인 유전자를 가지고 태어났으니 맞는 말이지. 개미는 경쟁과 협력해 숫자로 성공한 집단이란 말일세. 자네 종이 여러 개 있다는 게 부럽네.

인간이 25만 년 전에 탄생해 지금까지 왔네만 앞날이 어둡지 않은가. 지구에 생존한 호모사피언스는 이기적이라 유사한 종 다 죽여 불투명하네. 인간이 유전자 해독했다고 거들먹거리는 데 웃기는 걸세. 개미는 유전자 해독 안 해도 삶 자체를 즐긴다는 말이네. 인간은 죽음을 두려워하는데 유전자는 계속 이어지니 죽는 게 아닐세.

아하, 유전자는 생명의 일대기이고 내 삶의 주인이란 말씀이네. 우연히 생겨난 인간이 지구를 파괴하는데 명심하라고. 태초에 하나로부터 아름답게 진화한 동식물을 보호해야겠네. 우리의 조상은 같으니까 먼 친척이네. 산길 살펴 가시게, 개미가 말했다. 내가 고개 숙여 배꼽 인사를 하자 개미가 손을 흔들어 준다.

그러니까 너야 · 15

—봄바람

제 핸드폰에 연결음을 길게 보냈는데 받지 않는다고요.

잠시 머뭇거리다가 또 보냈는데도 수락이 안 떨어지면,
봄꽃 치마 입은 님 만나 손잡고 봄나들이 간 줄 아세요.

그러니까 너야 · 16

—된장찌개

후줄근한 여름 장마가 끝나자 노란 호박꽃이 피었습니다.
호박꽃으로 찾아온 풍뎅이 게걸스럽게 꿀을 빨았습니다.
밭의 호박꽃과 풍뎅이 사랑으로 고소한 냄새가 났습니다.
호박꽃에 풍뎅이 섞이니 건강하고 아름답고 순수합니다.
꽃가루 온몸에 바르고 그 옆집 호박꽃으로 날아갑니다.

호박 줄기에 암캐 젖꼭지처럼 연두 호박이 달라붙습니다.
뿌리 근처에 구덩이 파고 두엄을 한 바가지씩 깔았습니다.
밭에서 딴 애호박을 넣고 된장찌개 보글보글 끓였습니다.
구수한 기억이 포도나무잎 뒷면에서 얼굴을 내밀었습니다.
된장찌개 먹고 잠든 날은 왠지 꿈속에서 꽃길만 걸었습니다.

그러니까 너야 · 17

—송도

바다가 보이는 과수원에서 복숭아가 익어갈 때, 송도 앞바다에서 나는 서해를 바라보며 슬퍼했다. 갈매기 새끼 훔치는 고양이가 다리 굽혀 도둑질 가듯, 전쟁 때 쳐들어오던 총소리가 환청으로 들린다.

예전에 갯벌로 조개와 게와 망둥이 서식지를 막아, 우주의 눈물을 밀어내고 콘크리트 말뚝 박아, 연약지반 다져 지상에 국제도시 만들었으니 훌륭하다.

인천상륙작전 때 송도는 갯벌이라 온전했다는 것이다. 갈매기가 머리 위를 날며 까아 악 깍 소리 지르는 것은, 새우깡 달라하는 것이 아니라 평화를 부르는 것이다.

지금은 도시 밑에 파묻힌 갯벌에서 밤이면 조개 입 닫는 소리가 따 악 딱 들리고, 게들이 저녁이면 밥 짓는 구멍마다 회색 연기 냄새나고, 망둥어 슬라이딩하는 소리가 잉잉 들린다.

천년 후 세상이 재 천지창조로 송도가 뒤집혔을 때, 패총이

나 게나 망둥어 화석이 나오면, 무덤에서 벌떡 일어나 역사 해설가로 일하고 싶다. 나는 조개구이를 좋아했고 당신은 망둥어 탕을 좋아했고, 게는 아이들이 실로 묶어 장난감으로 놀았다고 말하겠다.

아, 솔밭 사이로 흐르던 별빛이며,
아, 만선으로 입항하는 어부의 구리빛 미소며,
아, 월미도가 바라다보이는 이곳,
아, 지금은 한국의 싱가포르라 부르네.

지금은 솔밭공원에서 사시사철 녹음으로 날아다니는 곤충을 입에 물고, 둥지로 가려고 바닷가 고양이 눈을 피하네. 여기는 지상낙원 너와 내가 영혼을 묻어도 좋겠다. 그리하여 어둠이 깔리자, 소나무와 별과 갈매기와 내 영혼마저 어깨동무하면, 인천 앞바다에 별빛 다리가 걸리고 송도가 풍덩 빠진다.

그러니까 너야 · 18

―설계도

하늘이 붉은 뉴똥 치마 갈아입을 때 창으로 올려다보는데, 움직이는 것의 색이며 생김새며 같은 거는 하나도 없더라. 모든 생명체에게 설계도를 그려 몸속에 집어넣어 주셨는데, 문득 우리 눈에 안 보이는 하나님에게 찬사를 보냅니다.

손가락을 폈다 오무리고 발가락을 꼼지락거리기도 하고, 말하고 듣고 노래하고 춤추고 글쓰기까지 설계하셨다. 오늘 생각났던 것을 모아 문장을 엮으니 시가 되었는데, 퇴고하고 가만히 들여다보니 시 속에도 설계도가 보이더라.

그러니까 너야 · 19
–부처님 수첩

내려올 산에 왜 올라가는지 중얼거리며 비 맞은 중처럼 올라갑니다. 산 중턱쯤인가 갑자기 오금이 저려오며 오줌이 마렵습니다. 급한 김에 사람들을 피해 계곡으로 내려가 바지를 깠습니다. 때는 바야흐로 만방이 봄인데 어딘들 꽃이 지천이었지요. 아 흐, 시원하게 볼일 보는데 뭔가 이상한 느낌이 들었습니다.

아 글씨 시방 개구리 한 마리가 고개를 흔들고 있었는데요, 오늘 비는 뜨겁게 오줌 지린내 난다고 코를 벌름거립니다, 미안해서 머리를 긁적이는데 개미가 떼로 몰려듭니다. 산 밑에서 달콤한 오렌지주스 한 병 마셨으니 그럴 만도 하지요. 개미에게 육 보시했으니 부처님 수첩에 내 이름 오르겠지요.

그러니까 너야 · 20

—술

칠월 두 번째 한 주가 시작되는 월요일이다. 신선하기 짝이 없는 첫걸음이 사뿐하다. 친구가 오늘 바쁘신가 술시계줄 같이 차자고 연락이 왔다. 이글거리는 불덩어리가 온 세상 집어삼킬 것 같은 날이다. 술로 시작해서 술로 끝나는 세상을 주승酒乘이라 한다. 이승과 저승 사이에 흐르는 술은 꽃이요 꿀이다.

인간이 만든 최고의 음식은 술이요,
인간이 만든 최악의 음식도 술이다.

최고와 최악의 경계에 서 있는 당신은 강하다. 보이지 않는 곳을 꿈꾸는데, 강 건너면 술 익는 마을이 나오고, 당신은 술을 다스리게 되는 직관에 도달한다.

| 제2부 |

그러니까 너야 · 21

—청설모의 가을

동쪽에서 불어온 바람이 파란 모자를 벗기자, 북쪽에서 불어온 바람이 붉은 모자를 씌운다.

가슴에 단풍잎 붙이고 도망친 바람 넌 누구냐, 단풍 구경에 돌싱들 바람기 생길까 걱정이다.

일개미들이 올라탄 갈색 단풍잎이 떠내려간다. 동풍인지 북풍인지 재보느라 코를 씰룩거린다.

첫눈 예감한 듯 나무에 땅속에 도토리 꼭꼭, 청설모가 이마에 흐른 가을 땀을 닦고 있다.

그러니까 너야 · 22
—비의 박수

비가 오는 날에는 백화점에 가서 눈 쇼핑을 합니다.
수선화 같은 그녀 생일선물로 뭘 고를까 생각합니다.

비 오는 날 혼자 비 맞은 검둥개처럼 돌아다닙니다.
병천순대국을 시켜서 소주 한 잔을 비처럼 마십니다.

다시 백화점으로 가는데 우산 위에 떨어지는 빗소리,
그녀의 목소리가 맑게 빗방울에 녹아든 거 같습니다.

생일선물 팔찌를 사서 나왔는데 비가 박수 보냅니다.

그러니까 너야 · 23

―낙지연포탕

왕년에 밴댕이 골목으로 유명했던 구월동으로 출격했다.
오전 전쟁이 끝나고 오후 전쟁터 콕 찍어 박살 내러 가서,
어제는 육상 오늘은 비에 젖는 해상을 융단 폭격했다.

무, 미나리, 배추속대가 다시마국물 엄호사격으로 끓는다.
갯벌에서 잡혀 온 낙지에게 미안해하며 입속에 넣을 때,
그녀의 보드라운 혀로 착각하며 첫사랑을 반추하고 있다.

그러니까 너야 · 24

—피를 보다

지난여름 공포가 선전포고처럼 밀려온다. 여름밤은 전쟁터라 적은 보이질 않고 일방적인 공격이다. 불 끄면 덤비는 그녀는 기분 나쁘게도, 잠이 들면 내 살 속에 제 살 섞어 생존을 획득한다. 사랑의 비등점은 관심이라고 했던가, 내게 관심이 증폭될수록 사랑은 비례하고 있었다. 무릎에 폭탄의 흔적이 야생화처럼 피었다.

유기농 제품과 환경을 사랑했으므로, 모기약 뿌릴 생각은 없었다. 오늘 아침에 일어나 샤워를 하는데, 눈에 사는 비문 같은 것이 내 알몸에 덤비는 것이다. 나는 조건반사로 한 손으로 파리 잡듯 허공을 갈랐으나, 손을 펴 보니 그녀는 잡히지 않았다. 욕실의 문을 닫고 샤워를 하면서 주위를 살폈다. 벽면 상단부에 그녀가 보호색으로 은폐 중이었다. 다시 손바닥으로 벽면을 내리치자. 그녀가 물 흥건한 욕실 바닥에 떨어졌다.

파르르 떠는 그녀를 잔인하게 발로 비벼 죽이는데, 검붉은 피가 펜촉에 잉크 묻힐 만큼 흐르는 것이다. 그녀가 알 낳으려 물어물어 변기통 찾아왔는데, 내 달콤한 피의 유혹으로 그만 죽다니, 나는 내 피를 보고 슬퍼했다. 그녀가 나를 사랑한 이유는 본능적 관심이었다. 나는 샤워를 마치고 물을 닦으며, 흡족하게 이렇게 생각했다. 아, 아름다운 이 몸매 사랑하는, 그녀와 또 다른 그녀가 있으니, 신의 은총으로 받아들이겠나이다.

그러니까 너야 · 25

—필명

시를 쓸 때 필명으로 발표하고 싶을 때가 있었다.
내가 나에게 묻는데 필명 부르기 편하게 지으라네.
건방지게 필명은 무슨 귀신 씻나락 까먹는 소리냐고,
장대비가 어둠 속에서 초록 짙은 나뭇잎을 두들긴다.

나는 지질이 운도 없지. 끈적한 삼복중에 태어났으니,
유년 시절에 에어컨도 없어 마마보다 무서운 여름이었다.
어머니는 개성분이라 어려서 인삼을 많이 먹고 자라서,
여름엔 몸이 태양에 올려놓은 설설 끓는 가마솥이었다.

어머니는 가끔 다른 나의 이름을 석하石夏라 부르셨는데,
시원한 냉기의 돌 여름이라 불러 당신은 더위를 이기셨다.
여자 이름은 여운이 남고 남자 이름은 여백이 남아야 한다.
토요일에 만나면 그녀에게 석하 씨, 불러 보라 해야겠다.

그러니까 너야 · 26

—빗소리 들으며

내가 빗소리 들으며 길 걸어가는 것은 비의 냄새가 좋고,
수분 향같이 맡을 여러 명의 친구가 있어 좋은 탓이고,
용감하게 우산도 없이 걸어가는 소녀의 하얀 브라우스가,
빗물 살짝 젖어 봉긋한 종덩굴 브라자 감싸고 있어 좋다.

내가 빗소리 들으며 길 걸어가는 것은 시의 냄새가 좋고,
첫 잔 마시자 술이 다네 하는 친구가 있어 좋은 탓이고,
가난한 골목 주방에서 빈대떡이 돼지고기 굽고 있을 때,
비 오는 날 파전이 빗소리 꼬리 잡고 환하게 웃어서 좋다.

그러니까 너야 · 27
—자작나무길

길은 새처럼 날개를 펴고 도움닫기 중이었다. 자작나무들이 공중부양하는 길의 양쪽을 붙잡고 있었다. 자작나무 머리채를 휘어잡은 바람이 잠시 주춤거리고, 자작나무 사이로 황토 먼지가 지나갔다.

이맘때쯤이면 오전 시외버스가 도착했다. 어머니가 산나물 팔기 위해 정거장에 난전을 펴셨다. 여동생이 직장에 처음 출근하던 날, 우물물에 설탕을 타서 막내 여동생하고 시원하게 마셨다. 집안 형편이 좀 힘 피겠다며 자작나무가 좋아했다.

남에게 도움받는 건 자존심이 허락하지 않았다. 이런 것들이 가족사의 한때이려니 생각했다. 우두커니 서서 허공으로 떠오르는 길을 바라봤다. 자작나무들은 미동도 없이 사색 중이었다. 흙먼지가 날리던 날 군대에 간 남동생이 꿈에 나타났다.

달 뜬 밤에는 한풀이 춤꾼처럼 어깨가 들썩거렸다. 시외버스가 지나갈 때 나는 흙먼지가 꿈속에서 보였다. 바람에 흘러간 것들은 다시 이 길로 돌아오지 않았다. 군대 전역하고 돌아오는 남동생 마중 가는 길이었다. 나에게 좋은 소식이냐 물었다. 이때 자작나무길의 푸른 녹음을 말없이 내주었다.

그러니까 너야 · 28

—호박잎

옛날 장맛비는 양 발굽 소리 요즘 장맛비는 말발굽 소리다.
간밤 천둥 번개의 등에 올라탄 비가 사선으로 창문을 때린다.
밤에도 달맞이꽃은 부러지지 않고 호박잎 사이에서 버텼다.
쇠비름이 호박밭에서 잘 자라는데 호박잎 그늘 덕분이다.
잡초 야생화 나물들은 후덕한 성품 때문에 그를 좋아했다.

장마 뒤 노란 호박꽃이 피면 주위에 풀꽃도 따라 피었다.
동네 꼬마 녀석들이 머리에 쓰고 빗속으로 뛰어다녔다.
호박잎에는 보시의 뜻이 있어 우리 경전에 저녁은 풍성하다.
장맛비가 북 두드릴 때 호박잎에 강된장 발라 싸 먹었다.
어머니 몸에 장맛비가 내렸다 그 장맛비 다 마셔야 한다.

그러니까 너야 · 29
–여름

팽나무에서 여름 사랑 때문에 우는 매미 소리 하염없다.
나에게 초록빛이 오늘 아침 무슨 일로 설레냐 물었다.
초록빛 그림자에 겹쳐진 그녀인 듯하여 한 발짝 다가섰다.
남쪽에 머물렀던 비가 중부지방으로 쳐들어와 총을 쏘자,
수컷 매미 날개가 습도에 젖어 잠시 우는 것을 멈추었고,
이때 암매미 옆으로 슬금슬금 걸어가서 설렘을 터뜨렸다.

초록 여름을 공경의 자세로 바라보다 가슴에 총 맞았다.
친구들하고 2차 노래카페에서 여종업원 앉혀 술 먹었다.
그녀가 새쭉해서 내일 만나자는 약속 취소한다는 것이다.
비가 멈추고 날개가 마르면 수컷 매미는 다시 울어댔다.
수컷 매미 발바닥에 땀 나고 암매미는 빗속의 여인 되고,
여름의 귀는 시대가 변하는 소리 들으려 초록빛으로 연다.

그러니까 너야 · 30

—비는 보석이다

비는 먹구름 무대에서 리허설을 끝내고 지상으로 떨어진다. 번개가 비의 길을 비추고 천둥소리로 우주 안내방송을 하는데, 길거리에서 우산을 받쳐 드니 보석 떨어지는 소리가 들린다.

잘 모르긴 몰라도 수평선 손가락에 낀 반지만 보석이란다. 쇼파에서 원두커피를 마시며 티브이 보기 딱 좋은 휴일인데, 창밖에 다이아몬드 분말이 공평하게 지상으로 떨어진다.

그러니까 너야 · 31

—설거지

어머니는 결혼하면 저녁 설거지는 내가 하라 하셨다. 밥그릇과 국그릇과 접시와 냄비와 수저 씻는 일이다. 음식 찌꺼기는 그릇에 전쟁터의 추상화 그림 그리면, 식후 그릇에 그림을 뽀드득 지워 여백을 주는 일이다.

저녁 식후 당신에게 시키지 않고 내가 즐거워하는 일,
다음 식사를 위해 그릇에 행복 채우려 비워두는 일,

당신의 손에 여유를 선사하는 제일 행복한 시간이다. 가끔 어머니는 저녁 식사가 끝나면 설거지를 시키셨는데, 그땐 정말로 싫었지만, 왜 그러셨는지 이제야 알았다. 남자가 자기 전 설거지 할 때 하루 중 가장 섹시하다.

그러니까 너야 · 32

—책장 넘기는 소리

하루의 책장을 넘긴다는 것은 세상이 바뀌는 소리이다. 세상이 바뀌는 소리는 몸의 물이 빠져 늙어가는 소리다. 호르몬의 노예가 된 어느 여름날 밤 시집 책장을 넘긴다.

아버지가 책 읽을 때는 어머니는 베 옷감 짜고 계셨다. 어디에 쓸 거냐 물어보면 잠잘 때 입는 옷이라 하셨다. 두 벌 옷 지을 옷감을 생산하자 어머니는 흡족해하셨다.

어머니가 손수 지으신 노란 삼베 수의가 참 잘 어울렸다. 아버지는 잠옷이 편한지 세상모르고 깨어날 줄 모르셨다. 상중에 비가 내리니 문상객이 하늘도 슬퍼서 우네 하셨다.

황천 가는 길에 몇 푼 노잣돈과 책 한 권 넣어 드렸다. 칠월 칠석이 되면 아버지 책장 넘기는 소리가 들리는데, 옛날 생각이 베짱이알 낳듯 어머니 베틀 소리가 정겨웠다.

그러니까 너야 · 33

―족발

저녁 식사를 하고
걷기운동을 위해 아파트 단지를 걸었다.
땀이 나기 시작해야 비로소 몸속 지방을 태우기 시작한다.
밤꽃 벙그는 소리에 모기가 사랑하자 안방까지 따라왔다.

파리채 허공을 갈라
방안의 밀도만 춤추게 했을 뿐이었다.
불 끄고 자리에 누워도 피 냄새 맡았는지 앵, 소리 들린다.
몇 번에 걸쳐 앵, 딱, 헛수고하다 그대로 잠이 든다.

아침에 일어나 보니
발목에 휴화산 문진 여러 개 생겼다.
모기가 삼겹살, 안심, 등심 마다하고 족발만 먹고 갔다.
모기 물린 족발을 긁적거리는데 입에서 꼴깍 소리가 난다.

그러니까 너야 · 34

—기울어지는 빗소리

저 기울어지는 빗소리 때문에
시를 쓸 수가 없네.
부싯돌 단상
불이 번쩍이면 빗소리가 훔쳐 가네.
왕복 도로에서 자동차 달리는 소리도 삼켜버리네.

재작년에 전화번호 분실로
잊혀진 빗속의 여인이,
오늘 전화번호 정리하다
나를 발견했으면 좋겠네.
그녀가 보내준 벨 소리 환청으로 들려도 좋겠네.

마음의 관절이 생겨 그런가
설마란 말도 무섭네.
숲과 나무는 모든 걸 내려놓으니
얼굴 환해졌네.
저 기울어지는 빗소리 때문에 시를 쓸 수가 없네.

그러니까 너야 · 35

—포도나무

진보라색에서 여름의 노동 흔적이 까마득하게 보였다. 벨벳 속에 달콤한 과육은 생의 정점을 찍은 청춘이다. 포도가 입에서 터지자 동심으로 여름 밤하늘 바라본다. 저 반짝이는 별은 수백 광년 달려서 찾아왔을 것이다.

그래서 수줍게 반짝이는 첫사랑의 별에게 전화 걸었다. 상대방이 전화를 받지 않습니다 란 목소리만 들렸다. 그날 별이 하얀 포도처럼 보인다고 어머니에게 물으니, 천사가 매미 소리 듣기 위해 포도나무를 심었다는 것이다.

그러니까 너야 · 36
—복숭아

과일이라는 열매는 동물로 치자면 알이다.
여름의 처녀 젖가슴에서 풍경이 쏟아졌다.

태양의 욕구가 분출하는 하얀 여름날이다.
칼로 옷 벗길 때 발그레한 신음이 들렸다.

아, 눈부시게 드러나는 연분홍빛 속살이다.

음탕한 혀의 애무로 과육이 뚝뚝 떨어진다.
그는 입속의 남근이 언제 발기할지를 안다.

그러니까 너야 · 37

—산에다 묻고 싶다

아직도 산은 이사 갈 줄 모르고 거기에 있네.
숲과 나무는 나를 기다리지 않는데 이골이 났네.

내 몸속의 하얀 무릎뼈에서 뚝뚝 소리가 나고,
내 몸속의 검붉은 심장에서 쿵쿵 소리가 나고,

산은 귀를 쫑긋 세워 듣더니 고개를 끄덕이네.
당신이 누울 자리가 어디냐고 산이 물어보네.

쓸모없는 방앗공이 구름 보고 좀 비키라 하네.
좋은 일에 시간이 필요한 걸 알고 있다는 듯이,

산은 언제나 부담 없이 놀러 오라 손을 내미네.
계곡물에 두 눈알 씻어 정상에 파묻고 싶었네.

그러니까 너야 · 38

—소리 지르기

아파트 섬과 섬 사이에 어린이 놀이터가 있다.
어린아이가 그네 타고 빽빽 소리 지르며 놀고,

나무 위에서 휘파람새가 소리 지르며 소통하고,
나무 가운데서 매미가 소리 지르며 구애하고,

나무 아래에서 개미가 소리 지르며 먹이 찾고,
도로에서는 앰블런스가 소리 지르며 달려가고,

가만히 보면 소리 지르지 않고 되는 일이 없다.
당신 끔찍이 사랑한다는 말도 소리 지르기이다.

그러니까 너야 · 39
—귀납

여태 봐온 시집들은 모두 페이지 숫자가 적혀 있다.
해가 항상 떴기 때문에 오늘도 뜰 것으로 믿는 것이다.

일찍 일어나는 새가 벌레를 잡는다는 것은 참말이다.
허 나 일찍 일어나 잡힌 벌레는 죽는다는 것도 참말이다.

당신이 사랑한 페이지만 펼친다면 독서의 영양실조다.
그래서 내 시집에는 페이지 숫자를 표시하지 않으련다.

그녀가 나를 사랑했으니 어제는 그러하리라 믿었는데,
오늘은 다른 사랑에 빠졌으니 귀납도 변한다는 것이다.

그러니까 너야 · 40

—낙과

여름 하늘 구름 위에 음표가 너무 많이 걸려있다.
어제는 온음표의 구름이 비를 네 박자로 떨구었다.

오늘은 반의반 박자로 추수하듯이 알곡 털어내고,
풋사과가 붉어지는 맛을 새끼손가락으로 간을 볼 때,

떨어지는 장맛비가 모음 없는 자음의 소리가 났다.
땅에 떨어진 낙과는 약한 탯줄을 나무라지 않았다.

내가 아까운 낙과 주우려 하자 아버지는 말리셨다.
새와 짐승도 먹게 놔두라는 경전의 계시로 읽는다.

| 제3부 |

그러니까 너야 · 41

–신포여인숙

피가 뚝뚝 사정없이 초록 도마 위에 떨어진다.
뇌가 신호를 받았으므로 무서운 비명을 지른다.
손가락 절개지에서 핏물이 샘솟듯 솟아오른다.

깊은 밤 도망치듯 빠져나올 나올 때 들었다.
끈적하고 풍부한 질감이던 그녀의 붉은 콧소리,
봄날의 진달래꽃 이파리처럼 베인 자리를 감싼다.

외등도 희미한 신포동 골목길을
어기적어기적 걷는다.

그러니까 너야 · 42

—가물치

저것은 뱀 머리의 검은 몸뚱이로 민물의 폭군이다.
저것은 육식성이라 어릴 때부터 물벼룩을 잡아먹고,

조금 더 커지면 민물고기를 닥치는 데로 잡아먹고,
민물고기가 연못에 씨가 마르면 동족도 잡아먹는다.

어머니가 동생 해산했을 때 아버지가 가물치 사오셔,
기력 떨어진 어머니에게 늙은 호박 넣고 달여 주셨다.

어릴 적 기억이 가물거리며 재래시장 골목을 걷는데,
고무 물통에 가물치가 여름을 질겅질겅 씹고 있었다.

그러니까 너야 · 43

—강화 갯벌 민물장어

우주는 끊임없이 질문하며
인간에게 답하라 한다.
여름 장마
최장 오십 일 넘기니 감당되지 않았다.
홍수가 낮은 마을을 덮쳐 전쟁을 치르듯 도망 나왔다.

온 동네 흙탕물 목욕시킨
물이 바다로 빠졌을 때,
수백 년 동안의
족보 같은 씨 된장 항아리 속에서
강화 갯벌 민물장어 한 마리가 똬리 틀고 있었다.

말 좆 터진 그놈으로
매콤한 어탕을 끓여서 먹었다.
과수댁이 밤에
문단속 잘해야지 푸념하는 소리가,
빗소리 애태우며 긍정의 바다로 흘러가고 있었다.

그러니까 너야 · 44

—광어회

문학산에 올랐을 때 나뭇잎 같은 여인들이 점심을 펼쳤다. 소라껍데기 파도 소리가 바다와 수평선의 경계를 허물었다. 내숭은 어디나 있는 법이어서 그런 사유 가진 그녀를 점찍었다.

그녀가 소주를 한 잔 마시자 안주로 닭강정을 먹으라 줬다. 다리 달린 고기는 싫다며 광어 꼬리 흔들 듯 도리질 쳤다. 나무젓가락이 비비 꼬며 어디 생선이 있나 두리번거렸다.

하산 후, 하하 횟집에서 하하대며 실컷 웃어 배가 아팠다. 밤새 하하 웃으면서 잠꼬대를 얼마나 했는지 모른다. 어머니께서 어젯밤에 이 녀석이 실성했나 걱정하셨다 한다.

그러니까 너야 · 45

—미숫가루 펀치

어제 술 한잔했더니
아침 입맛이 인천 앞바다로 빠진다.
아침 점심 때우려고 냉장고 뒤지니 미숫가루가 눈에 든다.

소싯적 시골 할머니가
타 주시던 미숫가루 펀치 그립다.
냉장고 구석에서 때를 기다리던 사과 복숭아 자두를 꺼내,

미숫가루에 우유 붓고
과일을 깍둑썰기하여 얼음 띄웠다.
입속에서 할머니 손에 붙잡힌 여름이 소처럼 날뛰고 있다.

마시면 기분 좋은 것이
할머니 모시고 와 콧등 찡할 때.
휘휘 저 한 컵 마시는데 매미 소리가 옛날을 추적한다.

그러니까 너야 · 46

—시가 담긴 술병

칠월부터 팔월 초순이 지나도 장맛비가 계속 내렸다.
이 집 팔고 시골로 이사 가자는 말을 들은 모양이다.

배롱나무가 꽃 피지 않아서 하늘이 알아차린 것이다.
당신 친정어머니 돌아가시면 시골로 이사 가자 했다.

버스 한번 타고 가 친정어머니 만나야 한다는 것이다.
이 집에서 생의 그래프 절정기 붉은 막대표시 부분에,

지루함 삭이려 책도 읽고 친구들과 술도 많이 마셨고,
초록 나뭇잎 그늘에 앉아서 서정시 쓰기도 하였으나,

이젠 시 몇 수 엮어 두 권의 시집이 책장에 꽂혀있다.
내가 아직 누워있지 않고 서 있다는 게 천만다행이다.

이 집은 시가 담긴 술병 속이란 걸 깜빡 잊고 있었다.
집 팔고 시골로 이사 가자는 말 함부로 하면 안되겠다.

그러니까 너야 · 47

—속궁합

장맛비는 월세 잘 내는지 새가 복숭아나무에게 물었다.
장마전선 가방에 돈 있는데 장마 끝나면 준다는 것이다.

비가 잠시 그치자 발그스레한 복숭아 한 상자를 사왔다.
그런데 맛이 없어 저걸 어떻게 먹어 치우지 고민하는데,

복숭아와 바나나가 섞이면 어떤 맛일까 궁금한 것이다.
정보의 바다 여니
허파와 가래에 지화자 얼씨구 좋단다.

그러니까 너야 · 48

—벌개미취꽃

산자락에 자줏빛 꽃구름 위를 사뿐히 걷고 있었다. 수묵담채에 떠오르는 하현달처럼 희미한 능선이다.

누군가의 사랑을 받고 싶은 벌개미취꽃 속살이 궁금하다. 향기를 바람에 실려 보내자 나비 떼가 날아온다.

계곡 물소리와 풀밭의 새소리 반주에 장단 지지고, 벌판은 호롱불 유곽처럼 총포마다 호각 행위 중이다.

자줏빛 뉴똥 겹저고리의 어머니 보였다가 사라진다. 옛사람들이 자줏빛 색깔 잘 받으면 미인이라 했으니,

자줏빛의 벌개미취꽃이 천국인 여름 평창 미인이다.

그러니까 너야 · 49

—거울을 보다

거울 보고 머리 빗는데 좌측에 가르마가 선명하다.
그러나 거울의 입장에서는 우측이라고 항변한다.

굴비를 거울에 비추면 비굴이 되고,
문학을 거울에 비추니 학문이 됐다.

어머니는 내 거울의 왼쪽,
아버지는 내 거울의 오른쪽,

내가 태어나 오른팔 먼저 입혀 오른손잡이,
내가 태어나 왼쪽으로 가르마 타 좌측가르마.

내가 보는 거울은 나를 좌측에 두고,
거울 입장에서는 나를 오른쪽에 둔다.

거울에는
왼쪽 오른쪽의 일란성 쌍둥이가 산다.

그러니까 너야 · 50

—세월

누가 세월이 빠르다 하는가,
삼 일만 굶어 봐라.
누가 세월이 느리다 하는가,
삼 일만 사랑해 봐라.

빠름과 느림 사이에서 주문이 전설을 기다리고,
전설이 통념에서 나와 통념을 통렬하게 깨부순다.

그러니까 너야 · 51
—자존심을 편백나무에 걸어두다

오른쪽 검은 심장 주머니에 넣고 다니던 신분증이었다.
꽃 지고 나뭇잎은 푸르러 줄기는 나이테에 부풀어지고,

시간은 저만큼 그림자 앞에서 뒤도 돌아보지 않고 갔다.
화분에 편백나무 키우기 시작한 지가 십여 년이 넘었다.

나는 일 년에 한 번 구월 암 정기검사를 받으러 갈 때,
자존심을 편백나무에 걸고 신의 은총이 있기를 빌었다.

대장 수술한 그 병원에 갈 때 낮의 허밍처럼 걸어두는데,
편백나무가 불평도 없이 자존심을 받아줘 내가 미안하다.

그러니까 너야 · 52

—굴뚝 연기

다음 주말 남쪽 여행 계획이 코로나 때문에 연기됐다. 산 아래 굴뚝에서 어머니 흰머리처럼 연기가 피어올랐다. 잡힐 듯 기다리는 세월은 연기 따라가면 잡힐 것 같았다.

창문에 사는 별이 내게 오늘이 제일 젊은 날이라고 했다. 나는 죽을 때까지 늙을 시간이 없다고 생각하니 슬펐으나, 저 굴뚝의 연기가 피어올라 이렇게 가슴이 떨려 좋아했다.

고양이가 굴뚝 연기 보고 쥐 잡아먹을 시간이라 읽을 때, 산허리에 걸친 흰 휘장이 휘날리며 나를 따라오라 하길래, 할미새 등에 탔는데 굴뚝 연기가 생의 깃발처럼 나부꼈다.

그러니까 너야 · 53

—야생화

저 꽃의 이름은 모르지만 내가 너를 안다는 게 자랑스럽다. 곤충과 벌레와 초식동물이 뜯어 먹어도 화내지 않았다.

야생화는 잡초의 어깨를 비집고 얼굴을 내미는 범사로 살았다. 누이동생에게 꽃반지를 끼워주면 그렇게 좋아할 수 없었다.

저 꽃은 피는 시기가 다르고 화려하지도 않고 아주 작아서, 곤충이나 벌레, 개미들이 저 꽃을 보고 삶의 순서를 정했다.

연잎의 꿩 다리가 강아지풀 건드리자 섬 노루귀가 흔들렸다. 얼레지꽃이 처녀치마, 변산바람꽃과 새우란 한들거리는,

앞산에 살던 야생화 화분에 심었더니 시름시름 하여 다시, 돌려보냈더니 시집간 누이동생 얼굴로 분홍 꽃이 피었다.

그러니까 너야 · 54

—귀뚜라미 소리

새들이 가지고 놀다 버린 나뭇잎에서 귀뚜라미가 살고 있었다. 경기민요 이수자인 듯 청이 낭랑하게 가을 곡쟁이처럼 울었다. 누군가에 편지를 쓰려니 산사의 귀뚜라미 잘 계신지 궁금하고,

낙엽송 손가락 펴 보이며 고요 깨는 소리는 시간 속에 묻히고, 저 소리 헐거워지자 음 이탈로 반 박자로 늦게 서리가 내린다. 귀뚜라미 소리 엮은 시간의 질곡에서 가을이 발효되는 중이다.

그러니까 너야 · 55

—신포닭강정

풍기는 향기로 입의 침이 홍수를 이루는 신포시장에 갔다. 닭강정 가게에 줄을 서자 내 입이 감동의 무게로 떨고 있다. 신포 맛으로 머리는 깜깜하고 눈앞은 하얗고 위장은 실신했다.

날카로운 맛의 펀치 파고드니 이 감칠맛은 어디에서 오는가. 내 입속에서 매콤한 닭강정 맛과 맛들이 핵분열 일으키고, 신포 감칠맛이 시간차로 공격하는데 너무 맛이 있어 죄송하다.

그러니까 너야 · 56

–공갈 젖꼭지

갓난아기가 물고 쪽쪽 빠는데 젖은 안 나오지만 잠이 들게는 할 수 있지요. 가짜지만 어쩔 수 없이 엄마가 지휘하는 순수 행위 예술의 소품입니다.

너나 나나 사랑의 공갈 젖꼭지를 찾아 방황하고 있다는 것을 알았습니다. 당신의 공갈 젖꼭지는 무엇이라 생각하십니까? 그 남자 그 여자 때문에, 잠이 오지 않고 무엇인가 허전하다면 거울 속에서 당신의 입속을 보세요. 당신 입에 숨겨진 공갈 젖꼭지가 그리워지면 어머니 생각이 날 것입니다.

빈대떡에 막걸리 마셔 혀가 취할 때 하늘에 공갈 젖꼭지 같은 달을 보고, 잠이 들면 꿈속에서 어머니가 쭈그러진 젖꼭지를 내 입에 물리고 있는 것입니다.

그러니까 너야 · 57

—구정물 버리다

아침에 세수하고 구정물을 버리고 거울 속 나를 바라보고 실망한다. 흰머리가 웃자라 머리 뿌리가 횅하여 구정물 같은 자연 갈색 염색약을 골고루 바른다. 삼십 분을 기다릴 때 마음은 정화수처럼 맑아진다. 머리 감는데 고해 같은 구정물이 쏟아져 나온다. 밥 먹고 그릇 닦듯이 손가락을 타란튤라거미 발처럼 세워 빠득빠득 긁는다. 세상이 순수하고 시원하게 보인다. 켜진 티브이에서 패널들이 네 편 내 편 갈라 폄훼하고 두둔하고 입에 칼을 문 말들이 시공에서 부딪혀 쨍쨍거린다. 세월에 묻혀 있던 구정물 사유를 쏟아버리고 싶은 날이다. 아직도 얼마나 많은 날의 구정물을 쏟아버려야 하는지. 구정물이 땅과 강과 바다로 흘러 수십억 년 지나 정화수 되어 우주에 뿌려질 때, 우리 은하계가 아프지 말기를 지구에게 미안하다며 구정물을 버린다.

그러니까 너야 · 58
–기생충

저 것들에게 하나님은 자급자족할 수 있는 능력을 주지 않았다. 숙주가 필요 없는 삶을 살겠다 기도했더니 나무들이 흥흥 웃었다. 꿈틀꿈틀 걸음이고 대화지만 당연한 것처럼 철면피가 흘렀다.

살아도 산 게 아니고 죽어도 죽은 게 아니듯 날 잡아 잡수세요 했다. 삶과 죽음이 공존하는 육신에 허락도 없이 생의 발자국을 남겼다. 컵에 꽂아 놓고 음료수 마시는 빨대처럼 저것들은 빠는 것이다.

옆집 아주머니는 횟배 때문에 담배 피우는 걸 합리화 시켰다. 초등시절 기생충 검사를 하기 위해 학교에서 성냥갑에 변을 받아오라 했다. 학교에서 준 회충약을 먹으면 한동안 꽁무니 간지러운 게 없어졌다.

그러니까 너야 · 59

—저승을 다녀오다

문득 오늘 꿈꾸는 것이 마지막 여행일지도 모른다고 생각한다. 잠을 청하다가 이게 마지막이면 어쩌나 하다 또 잠을 청하며 진정 아니길 빈다. 천사의 핏물을 뿌린 배롱나무 하얀 꽃이 흐드러지게 핀 은하계의 저승 문턱에 도착하는데 나와 닮은 사람이 악수를 청한다.

모래알만 한 지구에서 오시느라 수고하셨다며 안아주던 그를 보면서 비로소 꿈을 왜 꾸려 하는지 알게 된다. 저승에 오십 년 먼저 당도한 아버지와 어머니가 은하수 길을 다정하게 걸어가고, 오래전 헤어진 첫사랑이 어디서 본 듯한 남자와 마주 보며 구름과자를 먹고 있다.

이승에서 꿈꾸던 생각을 얘기하면 한오백년 심심하지 않겠다는 생각과 함께 호기심이 생긴다. 저승에도 공항이 있을까, 있다면 벚꽃 필 때 공항 유럽 출국장에서 만나자는 약속을 하고 싶다. 하지만 아직 시를 더 써야 하고 시집도 발간해야 해서 참는다. 이내 가슴이 울렁거려 은하계를 얼마나 헤집고 날아다녔을까, 곧 지상으로 뚝 떨어진다. 오줌보가 고무풍선처럼 빵빵하게 부풀어 터질 듯하다.

그러니까 너야 · 60

—시인 나무

시인 나무가 소통할 수 있는 유일한 창구는 산이란 원고지였다. 환희 가득한 산의 아름다운 풍경이여, 산을 기리는 노래 불렀다.

자연 상태 나무의 삶은 고독하고 끔찍하고 불쌍하고 잔인했다. 팔월의 태풍이 올라왔을 때 시인 나무는 벌벌 떨며 산을 지키지만,

바람의 반란으로 나뭇가지 부러졌는데 하얀 피를 흘리는 것이다. 나무의 생명을 보장하라는 약속을 산은 지키지 못해 서글퍼했다.

창작의 열정과 사랑을 은유로 사용하는 법 배워 꽃이 피려는데, 한쪽 잘려 나간 성숙한 시인 나무를 붙잡고 산이 눈물을 흘린다.

| 제4부 |

그러니까 너야 · 61

—불알 갈아주세요

원룸 임대사업을 이십 년 넘게 하고 있는데, 역세권이라 공실률 없이 근근이 잘 버티어 왔다.

그러다가 시설이 낡아서 임대료를 삼십 프로 싸게 내놓았다. 그래서 그런지 요즘은 연변족이 원룸에 많이 산다.

어제저녁 301호에서 불알이 끊어졌다는 연락이 왔다. 무슨 소린지 잘 몰라서 불알이 뭐에요 되물었더니,

남쪽에선 전구라 하지만 북쪽에선 불알이라 한단다. 섹스를 치르듯 은밀하게 불알 갈아 달라는 것이다.

그러니까 너야 · 62
–가름끈

내 기도의 애절한 마음이 당신의 가슴속에서 아른거리게,
꽃처럼 향기롭고 순수하게 고요히 피어오를 줄 알았더니,
당신의 시집 어느 페이지에서 가름끈으로 쓰이고 있었네,

서정을 느끼고 싶어 시 낭송하는데 도시의 잡념을 씻기며,
창밖으로 넘실넘실 시를 좋아하는 꽃들의 귀로 흘러가네.

그러니까 너야 · 63

—혼자 사랑하는 법

찬 바람이 불어오던 날 둥지를 떠나야만 했다.
잡초는 혼자 사랑하는 법이란 말을 생전 처음 들었다.
나무는 나무들끼리 돌은 돌들끼리 다 제 짝이 있었다.
산 그림자는 풀 한 포기와 강변의 자갈까지 사랑했다.

사랑한단 말 누군가에게 해줄 수 없으니 눈물이 났다.
커피가 당신의 거울에게 그 죄를 말하라고 타일렀다.
누군가 익숙한 얼굴이 거울 속 저편에서 어른거렸다.
사랑해, 하자 꽃은 지고 시간은 저만치 가고 있었다.

그러니까 너야 · 64

—덤

소주 한 잔을 마셨는데 혀 앞쪽에서 생식기 냄새가 났다. 안주로 곱창을 씹는데 혀 뒤쪽에서 항문 냄새가 났다. 왜 소주를 인생의 술이라 말하는지 이제야 알았다.

인생의 의미 담은 소주 한 잔 마시고 창밖을 보니, 밤하늘의 달빛이 빚은 희미한 흰색의 무지개가 떴다. 지금은 너나 나나 신들이 사는 낙원 같은 지상에서,

이 순간 행복해라, 행복해라, 마법의 주문을 걸었다. 새까만 밤하늘에 자발적으로 넘쳐흐르듯 부풀어 오른, 흰 달이 뜨는데 죽은 자의 수의에는 호주머니가 없었다.

그러니까 너야 · 65

—물고기의 옷은 나풀거리지 않는다

노래는 하늘 캔버스에 그림을 그리는데 이내 없어졌다.
혹등고래 허공으로 날아갈 때 개들이 고개를 갸웃거렸다.
새들은 왜 무리 지어 하늘을 나는지 물고기는 모른다.

물고기는 상류에서 떠내려온 지평선 바람 냄새를 믿었다.
꽃, 나뭇잎, 사랑, 당신은 이런 서정에 바람을 숨기려는데,
바람이 분다, 바람이 불어도 물속 길은 흔들리지 않는다.

오늘도 바람은 나를 빠져나가 초록 무성한 들판으로 간다.
여름내 흔들던 부채들을 수납장 속에 거두어 보관하리라.
물속에 바람이 불어도 물고기의 옷은 나풀거리지 않는다.

그러니까 너야 · 66

—은퇴

올해 은퇴를 준비하는 나무의 얼굴을 숲은 알고 있다. 상수리나무가 다람쥐에게 이젠 힘이 떨어져 내년에는 도토리를 생산할 수 없으니 다른 나무에 가서 놀라 한다.

당신 뿌리에 도토리 몇 개를 심었으니 겨우내 찾아 먹지 않으면, 내년에 싹이 터 부활하리라고 다람쥐가 오물거린다. 상수리나무는 깊은숨 몰아쉴 때마다 생기를 잃고 있다.

저녁에 도토리묵 초간장을 찍어 먹는데 구름이 말하더라. 은퇴도 삶의 일부분이고 자연의 일부라. 상수리 나뭇잎의 문자를 해독해 보면 마치 한 장의 은퇴사와도 같다.

그러니까 너야 · 67
–간식

아침과 저녁 하루 두 끼 먹고 지내온지 어언 십 년이 됐다. 운동량도 예전만 못해 복부에 지방 쌓여 애 밴 듯 보인다. 걱정의 심장이 번개 치는 폭풍우 속으로 걸어가고 있다.

신이 나로 하여금 조화로운 경험을 하게 만드는 것이다. 간식 그림이 머리의 회로 속에서 뱅글뱅글 돌다 빠졌다. 육신의 기분을 맞춰주는 것이 고통을 피하는 방편이다.

간식인 계란 과자와 바닐라 웨하스와 쌀 뻥튀기도 먹었다. 오늘은 유탕처리 두부스낵 먹으며 칼칼한 목에 물을 축인다. 음악은 귀의 시 그림은 눈의 시처럼 시를 먹고 있었다.

그러니까 너야 · 68
—수목한계선

소싯적 친구들과 철길을 따라 집으로 가면서, 기차가 오는지 확인하기 위해 선로에 귀를 갖다 대곤 했다. 멀리서 철커덕 철커덕 소리가 나면 못을 선로에 올려놓고, 기차가 다가오면 나뭇잎 같은 기차의 창을 향해 손을 흔들었다.

수목한계선의 속 알 머리 없는 친구와 저녁에 만나기로 했다. 춥거나 건조하면 생육조건 때문에 풀이 자랄 수 없는데, 혹자는 부인이 머리털을 잡아당겨 다 빠졌다고도 했다. 수목한계선 위에서 달빛이 낙상하듯이 친구 머리가 빛이 난다.

그러니까 너야 · 69

―태양의 뿌리

서쪽 바다 가마솥에 태양을 집어넣고 열 시간을 고아 새벽에 꺼낸다. 하나님이 매일 하시는 것을 세상 어머니들도 그대로 따라 한다. 수소와 산소가 결혼하면 물이요 나트륨과 염소가 결혼하면 소금이다. 온갖 동식물 광물의 유전자는 태양의 뿌리라는 말씀이시다.

정오의 하늘에 놓인 석쇠 위 붉은 조개구름이 맛있어 보인다. 매정할 만큼 경쟁심이 강하고 자기중심적으로 감정을 표현한다. 사랑에 대한 낙관적인 견해와 심도 있게 따듯한 배려를 제시하기도 한다. 천지 만물이 태양의 뿌리에 연결되어 빙빙 돌아도 어지럽지 않다.

그러니까 너야 · 70
—하늘 탑

어렸을 적 나는 절이 하늘에도 있나 했다. 다보탑이 불국사 앞마당에 있고, 이름 모를 석탑이 전등사 뒷마당에 있는 것처럼, 하늘의 신도들이 탑을 돌면서 기도하는 줄 알았다.

하늘 탑 주위에 사는 은어 떼가 앞마당에 몰려와 하얗게 슬어놓은 알 같은 흰 구름 꽃이 떨어진, 그 자리에 돋아난 반달에 올라타 온종일 놀고 싶었다

늙은 배롱나무 한 그루가 전등사 절 마당을 지키고 있다. 그 속눈썹 길게 붙인 생김새를 바라보며 생각했다. 욕심 많은 짐승의 영역표시가 내 신전의 두 기둥 사이로 숨어들었구나. 하얀 모기장 속에서 어린 시절의 꿈을 먹던 저 붉은 꽃잎.

하늘 탑 석등에 불이 들어오면 점점 황금 노을에 눈이 빠져들었다. 탑 주위를 도는 여인네들은 무슨 기도를 드리는지 궁금했다. 재두루미 반달 물고 날갯짓하는 어둑어둑한 하늘

탑에 물앵두 입술 옥색 치마 여인이 기와 불사*를 탑의 꼭대기에 얹어놓는다.

* 기와 불사 : 절의 건물을 지을 때 쓰는 기왓장을 사서 절에 기부하는 것.

그러니까 너야 · 71

—인연은 우연히 생긴다

일 년에 한 번 정기 암 검사를 받으러 병원으로 가는데, 스트레스가 탈출하려고 잔기침을 울대 밖으로 밀어낸다.

세상은 영원히 과거를 반복한다는 말이 맞는지 모르겠다. 구년 전 수술한 칼자국이 눈가에 주름 낀 나를 쳐다본다.

나는 키가 조금 더 클 수도 조금 더 작을 수도 있었고, 형제가 많을 수도 적을 수도 있었는데 우연이라 믿는다.

귀가하는 김포대교에서 교통사고가 생겨 정체가 심하다. 아라뱃길 갈매기가 찾아오니 문득 새우깡 생각이 난다.

그러니까 너야 · 72
—우설

입속에서 광란의 춤을 추는 우설 수육 먹는데 생각이 났다.
저 푸른 목초지가 소발 아래 있다면 힘을 가졌다는 것이다.
소는 종일 풀을 뜯어 먹지만 악마의 목구멍은 배가 고프다.
한때 상아탑을 우골탑으로 바꿔 캠퍼스에 소똥 냄새가 났다.

당신과 키스를 생각하면 혀 밑에서 샘이 솟고 얼굴 붉어진다.
소주 한 잔 들면 악마 목구멍의 우설이 키스하자고 덤빈다.
집으로 타박타박 소처럼 가는데 워낭소리 환청으로 들린다.
그날 밤 당신의 혀가 벌겋게 달아올라 바로 화상을 입는다.

그러니까 너야 · 73

–가을에는 다 볼 수가 없네

가을에는
나무도 풀도 귀뚜라미도 보고 싶지만 다 볼 수가 없네.
장마도
태풍도 가고 국화꽃이 피지만 보고 싶어도 볼 수가 없네.
가을은
사람들에게 안경을 하나씩 끼워준다는 느낌이네.
가을은
여름에 뿌옇던 시야가 갑자기 라식 수술을 받은 느낌이네.
나무도
풀도 귀뚜라미도 다 목욕탕에서 때 씻고 나온 느낌이네.

가을은
꿉꿉하게 밤잠 설쳤다가 살아나는 어머니 손바닥 같네.
누이는
코스모스처럼 흔들리고 개는 졸졸 졸 따라붙네.
기러기는
하늘에서 울고 알록달록한 낙엽이 물들기 시작하고,
입에

풀 잔뜩 문 다람쥐 꼬리 살랑살랑, 내 사랑도 아롱아롱,
고추 따는
구부정한 어머니를 보고 싶어도 다 볼 수가 없네.

어머니 광주리에 누이도 개도 기러기도 낙엽도 다람쥐도 고추도 가을도 한데 담아 이고 오셨네. 앞마당에 내려놓은 광주리에 내 눈동자도 담겨 있네.

그러니까 너야 · 74
—달에 홀린 귀뚜라미

귀뚜라미는 토끼와 달에 살다가 지구로 내려왔을 것이다. 달을 자세히 보면 계수나무잎 뜯어 먹은 흔적이 보인다. 달의 빙하기 때 지구로 탈출했다는 설이 풍문으로 들린다.

동양은 귀뚤귀뚤 서양은 크릭크릭 소리 구전 역사 흘렀다. 휘영청 달뜨면 돌벽돌 기와 밑에서 영락없이 울어대는데, 그 때 부드러운 소리로 울면 예쁘게 화장한 암컷이 나타난다.

유년 시절 나는 누이동생과 귀뚜라미 싸움을 시키곤 했다. 가로막은 판지 뒤에서 서로 작은 붓끝으로 귀뚜라미 머리를 계속 문질러 약이 오르면 판지를 들어 올려 싸움을 시켰다.

누이동생한테 지고 손잡이 달 거울을 사준 적이 있다. 귀뚜라미가 울어 하늘을 보니 달이 잘 익어 먹음직스러웠다. 달에 홀린 귀뚜라미 우는데 왜 내가 미안한지 나도 모른다.

그러니까 너야 · 75

—산을 배경으로 각색한 강 · 4

생명이 모이는 산을 시라 설정하고 사랑을 노래하는 강으로 각색했다. 비가 내리니 물이 흐르고 바람이 부니 풀이 눕고 바람이 부니 흙먼지가 날렸다. 산딸나무도 야생화도 나비도 뱀도 새도 물 냄새를 맡고 강 쪽으로 발을 뻗었다. 산은 암이란 신이 내린 벌을 수행하고 있는 죄인 같았지만 슬프지 않았다.

산 그림자가 팔을 뻗어 강을 껴안는데 해의 연출로 사랑의 생명을 불어넣었다. 해가 봉우리를 넘으면 산은 노골적으로 강의 아래부터 더듬어 키스를 퍼부었다. 산이 내려와 강을 껴안으면 물고기들이 산에 가 살고 싶다고 노래를 불렀다. 산은 서정의 언어라는 무기를 이용해 강물에 걸린 마법과 싸우는 시인이다.

그러니까 너야 · 76

–외로우면 해변을 걸어볼 일이다

열무김치 담다가 같이 먹을 당신이 없어 훅하고 외로움이 밀려왔다. 모두 다 내려놓고 조용히 살려고 했는데 문득문득 느끼는 외로움이다. 태평양 바다의 사이다처럼 넘실거려 열무김치 먹으라 손가락으로, 집어 입속에 넣어 줄 당신이 없어 눈물 찔끔 나게 서럽고 폭 폭했다. 외로움은 나이와 상관없이 찾아오는데 마음의 문을 누가 열어줄까,

프로필 코드와 케미 잘 맞고 가까운데 계시는 분 연락을 기다렸다. 나이가 들어갈수록 누군가를 만나고 헤어지는 것이 때로는 두렵다. 새로운 인연을 맺으며 서로에게 의미 가진다는 것에 좋아요를 눌렀다. 들메꽃 필 때 어두운 밤이 찾아오면 온통 세상은 난장판이다. 운명의 형틀처럼 목놓아 우는 물새들의 해변을 걸어 볼 일이다.

그러니까 너야 · 77

—저어새

여름 바닷가에서 나룻배 사공이 주걱으로 노를 젓는다.
바람이 불자 하얀 깃털 날리며 저어새들이 날아오른다.
날아오르는 것들은 내려오기 위한 풍경으로 돌아온다.
검은 주걱 부리 천사들이 멸종되면 어쩔 가 걱정된다.

저어새는 눈이 째진 교활한 여우의 성찬을 바라지 않으며,
저어새는 능청스레 의뭉한 너구리의 식탐을 바라지 않는다.
저어새 구경한 저녁에 흰 수건 쓴 어머니가 부엌에서,
김이 모락거리는 가마솥에서 주걱으로 휘휘 밥 푸고 계셨다

그러니까 너야 · 78

–당신의 손

당신의 손을 잡았을 때 장인이 예끼 이놈하고 야단치셨다.
아마도 내가 도둑놈처럼 생겨서 못 미더웠던 모양이다.

당신의 손을 잡았을 때 장모가 내 어깨 토닥여 주셨다.
아마도 내가 도둑놈처럼 안 생겨 믿을 만했던 모양이다.

그리고 일 년 지나 단풍잎 손 닮은 아기가 태어났다.
당신의 손으로 아기 목욕시키는데 그야말로 천사였다.

어느 날 당신이 나더러 아기 목욕 시키라 했다.
어깨 너머 배운 대로 눈치껏 안고 목욕을 시켰다.

이 장면에서 아기가 으앙 울기 시작했는데 나는 당황했다.
아기를 달라고 해 당신이 안자마자 울음이 뚝 그치더라.

익숙치 않은 풍경과 냄새나는 내 손이 불편했기 때문이다.
밤마다 당신의 손 붙잡고 잠들었는데 왜 불편했을까.

그러니까 너야 · 79

—뻐꾸기

내 집에 새가 한 마리 살고 있는데 아침이면 운다.
사계절 탁란 둥지를 떠날 수 없는 새와 같이 산다.

밥솥 같은 탁란 둥지는 전기를 먹고 살아가고 있다.
취사 버튼 누르자마자 '맛있는 백미 밥 시작합니다'

여자음성이 들리면 어제 먹다 남은 반찬을 준비한다.
속풀이 얼큰 콩나물국 끓이려 요것조것 재료를 넣는다.

냄비에 콩나물과 멸치 넣고 칼칼하게 푹 끓여 내면,
이내 '맛있는 밥이 완성됐습니다' 여자음성이 들린다.

애절하게 뻐꾹 뻐꾹 울며 탁란 둥지를 열어달라 하는데,
뻐꾸기 새끼는 사라지고 이팝나무꽃이 피어 있다.

그러니까 너야 · 80

–안구건조증

동물들은 눈두덩에 두 개의 달을 가지고 살아가고 있다.
눈꺼풀 현으로 생긴 상현달과 하현달이 황금의 비율이다.

엽록소 더디게 생산하는 가을이 접어들자 눈치챈 습도가,
누구의 청으로 사라졌는지 안구 건조한 손님을 맞이한다.

왼쪽 눈에 바다 모래 들어 앉아 조개의 보랏빛 진주처럼,
바람 불어 눈 깜빡할 때마다 고통의 보석을 키우고 있다.

구전에 의하면 눈 아픈 데는 잠자는 게 보약이라 한다.
자고 나니 안구건조증이 눈가 주름살에 끼여 죽어 있다.

| 제5부 |

그러니까 너야 · 81

—골무꽃

유년 시절 앞산 밑자락 텃밭 위쪽 수풀 옆으로 자주색 골무꽃이 피었습니다. 내버려 둬도 잘 견디니 까탈스럽지 않고 키 작아도 존재감을 뿜뿜 내뿜었습니다. 겨울에는 이파리가 푸르니 따듯한 성품을 바라만 보아도 심심하지 않았습니다.

귀뚜라미 귀뚤귀뚤 울던 가을밤 희미한 삼십 촉 등불 아래에서, 어머니 필라멘트 끊어진 전구에 양말 씌워 골무 끼고 바느질하셨습니다. 밤도깨비처럼 술집거리 헤집고 다니는 아버지 기다리는데 지루하셨을 겁니다.

가을비 후두 득 호박잎에 떨어질 때 아버지가 오셨는데 안방에서 다투셨습니다. 아버지 언성이 높아지고 누런 봉지에서 도넛이 마루로 대굴대굴 굴렀습니다. 동생들이 도넛을 손가락에 끼고 방으로 들어왔는데 골무꽃이 또 활짝 피었습니다.

그러니까 너야 · 82

–잡아당기는 것들

비도 바람도 나무도 꽃도 새도 짐승도 사랑도 너도 잡아당긴다. 나무에 꽃은 피고 이파리 돋아나고 온도가 내려가면 움츠러들어, 낙엽 되어 떨어지는 것은 머리채를 휘어 잡아당기기 때문이다.

잠자리가 꽃 진 나뭇가지 꼭대기에서 태양 빛으로 목욕 중이다. 지구는 내려오라 잡아당기고 잠자리는 싫다 지구를 잡아당기더니, 가을 허공 속으로 잡아당겨지는 데 지빠귀가 날아와 잡아먹는다.

가을이 햇빛의 꼬리를 앞뒤로 엿가락 늘이듯 잡아당기고 있다. 어느 가을에 울면서 멀어져간 당신 마음을 잡지 못해 아쉬워하는데, 이럴 때 하필 서로 잡아당기다가 찢어져 구멍이 난 청바지 같았다.

그러니까 너야 · 83

—세포에 불을 땡겨라

단풍 구경하다가 바람나고 싶은가 내가 나에게 묻는다.
그렇다면 두 손 모아 기도드리나니 세포에 불을 땡겨라.
그대들의 중요한 부품은 타인이니 타인 향해 노래 불러라.
당신 만난 것은 실패였지만 헤어졌다면 성공한 것이다.

불 땡겨 진 세포 타고나면 추임새의 불똥이 재로 남는다.
연탄불에 싱싱한 전어를 구울 때 스스로 돌아눕는 것처럼,
영혼에 따라 살며 세포에 불 땡기니 남들이 박수치더라.
아침에 영혼이 떨리지 않으면 세포에 불을 땡겨 볼 일이다.

그러니까 너야 · 84
—나를 훔치다

표범이 수풀 속에서 몸을 낮추어 직선거리를 훔치고 있다. 훔쳐야 먹이를 잡을 수 있으니 이 또한 나쁘다 하지 마라. 임팔라 목을 물어 피가 흐르자 하이에나 떼가 나타났다. 훔친 걸 또 훔쳐 피 튀겨 나누어 먹는 게 자연의 경제다.

우리는 탄생과 초록색 사춘기와 붉은 청춘기와 감청색의, 장년기와 갈색의 황혼기 다섯 번 재탄생을 색칠하며 산다. 색칠은 이웃하는 것들의 친구와 연인을 훔치는 발명이다. 저 발명 때문에 나는 떨리는 영혼을 훔치는 도벽이 생겼다.

그러니까 너야 · 85
―콧속에 사는 개

어둠이 깔리고 밤이 깊어갈수록 여인들은 은근히 좋아하면서 걱정한다. 목둘레 굵고 술 한 잔 마신 사내 잠이 들었을 때 당신의 콧속에 사는, 개가 으르렁거리는데 여인들은 눈감고 귀 막고 딸 방으로 베개 가지고, 눈 흘기며 도망가는 것에 대하여 무릎 꿇고 심심한 사과를 해야 한다.

아침에 잠 깨면 콧속에 사는 개는 순한 양처럼 이때 잠자기 시작하는데, 저 개는 밤이면 밤마다 짖는 것을 알면서도 여인들은 그러려니 한단다. 술 한잔한 얼큰한 밤에 남자들은 은근히 무서워하면서 좋아한다. 남자들이여 소주병에서 자라난 사랑으로 여인들의 손목을 잡아줄 일이다.

그러니까 너야 · 86

—기침

하나님은 우리에게 오른쪽 반달과 왼쪽 반달을 선물하셨다. 이 두 개의 반달은 창살 같은 원통형 뼈대 속에 모셔져 있다. 외부의 충격과 침입으로 보호받아야 할 달이기 때문이다.

허파는 공기를 마시고 이산화탄소를 내보내는 몸속의 시장이다. 반달에 좀이 슬었는지 보기 위해 사진 찍어 젖빛 유리창에 비췄다. 반달이 아름다워 아드레날린이 고래 숨처럼 팡팡 터졌다.

병실 문을 나설 때 서편에서 새 한 마리가 낮달을 물고 있었다. 밤이 되자 낮에 나온 낮달이 둥실 어서 타라 손짓했다. 달을 바라보는데 허파에서 새 한 마리가 지저귄다.

그러니까 너야 · 87
—재혼

암컷 곰은 배란기에 이놈 저놈 수컷과 짝짓기하는데 일 년에 여러 번 재혼한다. 한 배에 여러 마리 새끼를 낳는데 아빠가 누군지 엄마도 누군지 모른다. 저마다 수컷 냄새 암컷에 묻혀 내 새끼려니 죽이지 않는다는 것이다.

재혼 싸이트에서 어떤 상대 원하는지 프로필 검색했다. 이혼과 사별의 육십 대가 이마에 재혼의 청구서 붙어 있었다. 그들은 인생 이모작 헌 모판에 싹을 또 키우고 있었다. 재혼이란 숫 불 석쇠 판에서 지글지글 삼겹살을 뒤집는 것이다.

그러니까 너야 · 88

—침묵沈默

나는 생과 사의 경계에서 천년을 산 것처럼 침묵의 추억을 가지고 있다. 우편물 함에 신문과 세금 고지서의 빛과 어둠 사이 회색의 정적들이나, 카톡 채팅창에 눈처럼 쌓이지 않는 연정의 향수 같은 언어들마저도, 천국의 문 찾는 일요예배의 기도 소리 들리지만 나는 침묵으로 들렸다.

뇌에서 사라지는 화장터 연기가 꺼지고 하얀 유골 가루가 쌓이는 밤이면, 늙은 소나무의 물결무늬 격자형 수납공간에 종이 냄새가 그윽한 서재, 거기에 읽히지 않는 내 시집과 타인의 시집들이 나뭇가지처럼 빽빽하다. 내 의사결정 기다리는 저것은 신음하는 정자처럼 허여멀겋게 처량했다.

어느 오후의 가을바람 부는 날처럼 침묵의 아가미에서 파란 가시가 자랐다. 그때 엄습해오는 어제 같은 오늘의 무거운 세월 자글자글한 주름 속에서, 무관심의 비밀 지키는 영혼의 호주머니에서 손수건을 꺼내 이마를 닦았다. 정적이 그린 시간의 지도에 등고선 따라 노을이 물든 묘지가 아름다웠다.

그러니까 너야 · 89
—젖은 낙엽

젖어든 사이 안에서 안녕이란 인사는 안 해도 괜찮겠네.
안 떨어지려면 농익은 가을의 그림자처럼 얌전해야 하네.
수수깡에 걸린 달 수평선까지 가는데 사랑이면 족하겠네.
선인장 찔려 신음하는 저 달은 아파도 아픈 게 아니라네.

당신 부르는 소리가 귀뚜라미 청색 아가미에서 날아오고,
젖은 몸 닦지 않은 세속의 하루가 끈적거리며 지나가네,
너는 어찌 처마의 풍경 소리에도 떨어질 줄 모르느냐.
공유분할을 거부하는 젖은 낙엽의 의지에 경의를 표한다.

그러니까 너야 · 90

—당신은 아라비아 별이다

나는 주위에 있는 사람들이 별나라에서 왔다고 생각했다. 아버지는 태양에서 살다가 너무 뜨거워서 내려왔을 테고, 어머니는 달에서 살다가 아버지 따라 내려왔다고 여겼다. 당신은 영혼의 터번을 쓴 아라비아 별처럼 신비스러웠다.

아이가 태어났는데 어느 나라 별에서 왔는지 들여다봤다. 첫째 몸에서 사막의 낙타가 아라비아의 별 물고 걸어오고, 둘째는 양의 뿔 사이로 아덴만 별 반짝거리는 게 보였다. 그래서일까 조명등 키면 당신은 양탄자 탄 듯이 가벼웠다.

그러니까 너야 · 91

—혀

저것이 동굴 천장 벽에 붙었다 떨어지면 말이 된다.
음식을 먹을 때 보드라운 저것이 침을 흘리며 춤을 춘다.
술 마시고 저것이 취해 꼬부라져 비틀비틀 걸어간다.

저것이 없으면 무슨 재미로 살까 생각해 본 적 있다.
너에게 키스와 밀어도 속삭이지 못할 테니까 말이다.
저것은 슬프거나 아름답게 무시무시한 입속의 도끼다.

그러니까 너야 · 92
–개미와 당나귀

뿌리가 늙은 나무에 살던 개미 한 마리 걸어온 길이 아득한 점으로 이어져 있다. 점선 상에 무수한 꽃이 피고 지고 호두처럼 단단한 기억의 회로가 엉킨 자리마다 붉은 소금꽃이 폈을 때 다리 아파 당나귀를 찾았다.

홍양홍양 당나귀 소리를 듣기 전까지는 황소의 뿔처럼 고독이 자라고 있었다. 개미가 슬프게 당나귀처럼 빨리 못 간다고 푸념했다.

당나귀가 똥을 푸지게 쏟고 있을 때 영악한 개미가 발뒤꿈치에 무임승차했다. 이랴, 당나귀야 저 산을 넘어다오. 한계령 지나 당나귀가 쉬어가자고 고집을 부린다. 당나귀 다리에서 개미가 폴짝 뛰어내렸다.

개미는 당나귀보다 빠른 새 등에 올라타고 싶어졌다. 독수리가 연못에서 잡은 물고기 뜯어 먹을 때 저승사자 발톱에 올라탔다. 독수리가 설악산 위로 날아오르자 대청봉이 보였다. 째지게 기분이 좋았다.

〉

비행을 마치고 고집스럽게 한 발짝도 나가지 않은 당나귀 옆에 착륙한 독수리 발톱에서 뛰어내렸다. 개미가 당나귀 발바닥을 호 호 불어줬다. 이때 당나귀가 늙은 잇몸을 드러내고 홍양홍양 머리를 흔드는 것이다.

그러니까 너야 · 93

—개들이 늑대인 양 나대며 다녔다

달빛에 휩싸인 늑대들은 산에서 우 우 소리쳤다.
별빛에 휩싸인 개떼들은 거리에서 왈 왈 소리쳤다

민가를 어슬렁거리던 늑대를 잡아 길들인 개의 천국이다.
종의 변이로 개의 언어는 달도 별도 알아듣지 못한다.

청각과 후각의 퇴화로 달빛 늑대 무리에 끼지 못한다.
달빛 늑대가 사라지자 야생 개들이 늑대처럼 군림한다.

구름이 늑대를 그리자 개들이 조각구름으로 다가온다.
호랑이 없는 동네에 개들이 늑대 인양 나대며 다닌다.

그러니까 너야 · 94

–겨울 단감

비바람 천둥 번개 벼락의 풍경을 비빈 과육의 겨울 단감은 안정적이다. 달콤하게 부르는 소리에 응답으로 윙크하듯 환상적인 자태가 맛있다.

앙상한 가지에 겨울 식량으로 남겨두리란 새들의 생각은 틀리지 않았다. 다 먹으면 가지에 감꽃 피웠던 자리라는 걸 알고 초승달은 미소를 지었다.

겨울이 오면 어머니는 담장 위에 단감을 올려놓는 가문의 세습을 존중했다. 밀화부리가 뜯어 먹고 가면 콩새, 박새, 딱새가 날아와 먹고 갔다.

어머니 엉덩이 같은 단감이 담장에 걸리면 새들은 용케 찾아오는 것이다. 온새미로 노란 단감이 새와 눈 비바람까지도 겨울 동안 사육하고 있었다.

그러니까 너야 · 95

—그녀의 구인광고

그녀의 이름은 덕순이 구요, 마음은 담 넘어 살그머니 덜 익은 고양이처럼, 입은 청와대처럼, 호주머니는 읍사무소처럼, 하나님의 포도나무 열매 따고 싶어 죽겠답니다.

복福보다 한 수 위는 덕德이니라. 할아버지가 지워주신 덕순德順이는 태풍이 머리 풀고 비를 퍼붓던 날, 에어컨과 제습기로 샤워하며 기초화장품 발라 물광 내고 물컹 씹히는 사진 올렸습니다.

술을 지리산 고로쇠 마시듯 하면 패스, 담배를 하와이 화산처럼 피면 패스, 유통기한 지나 밟힌 상추 같은 얼굴 그냥 지나가 주시기 바랍니다.

친구처럼 연인처럼 예의 있고 여유가 있으신 분, 여행과 맛집 찾아서 알콩달콩 콩 볶으실 분, 고소한 깨소금 쏟고 싶은 분, 꽃구경 함께 할 수 있는 좋은 친구 연락을 기다립니다. 청순, 날씬, 섹시하고 징은 하늘의 소리요, 북은 땅의 소리처럼 그대를 받들어 모시겠다는 덕순이 얼굴은, 거꾸로 흐르는 강입니다.

그러니까 너야 · 96

—가을의 서정

매미가 새벽부터 우는데 어제보다 힘들어 보이네.
배롱나무 붉은 꽃은 누구인가를 사랑해 보라 하고
회화나무 백색 꽃에서는 무릎 꺾이는 소리 들리네.

국화는 바람을 걱정이나 일으키는 괴짜라 여기네.
어딘가 모자 눌러쓰고 발길 가는 데로 가고 싶은데,
가을이 붉은 수염 달린 모나리자의 미소를 보내네.

그러니까 너야 · 97

-나팔꽃

나팔꽃이 피면 뒤따라 찾아올 손님이 있어 떠나야 한다. 태양이 뜨겁게 지상에 내리면 꽃들을 깨우기 시작한다. 나팔꽃과 나팔꽃 사이에 침묵의 덧없는 사랑이 흐른다.

낮에 피는 꽃이 더 화려해서 아침에 손님을 맞이한다. 저보다 더 향기로운 꽃들 때문에 스스로 목을 꺾는다. 아침의 영광은 시계 반대 방향의 줄기를 타고 이내 사라진다.

그러니까 너야 · 98
—검버섯에 핀 꽃

여름이 헐렁해진 어느 날 밤 나는 오지 않는 당신을 기다립니다. 연극배우처럼 서성거리다가 내 안에 자리 펴고 울다 잠이 든 적 있습니다.

나 혼자만 애타는 게 아닌가 반문하는 계절입니다. 원추꽃에 매달린 머루 포도 먹고 입술 흠씬 두들겨 맞아 잉크가 번지던 밤이었습니다.

피딱지 덕지덕지 붙은 머루 포도처럼 보였습니다. 저승사자가 포자를 심는 검버섯은 병이 아니라 별리別離 때문에 숨어있다 피는 꽃이라는 걸 알았습니다.

능선에 놀러온 별과 달이 머루 포도 향기에 취하는 환상, 머루 포도꽃 숨기느라 허벌 나게 기다려 온 날 거울 속 내 얼굴은 현상수배 전 단지에 붙어 있었습니다.

총 맞은 내 얼굴 당신 보시기는 하시렵니까? 지난 생에 핀

적 없는, 머루 포도꽃이 당신 기다리다 지쳐, 백태 낀 혀의 구름, 은쟁반에는 머루 포도꽃이 폈습니다.

그러니까 너야 · 99

—찔레꽃

봄 산행하는데 농염한 여인의 향기가 코끝에서 맴도네.

찔레꽃이 가던 길 멈추게 하고 첫사랑의 추억을 더듬네. 보릿고개 시절에는 아이들 간식거리 비타민 덩어리였지. 하얀색 분홍색 꽃은 소박하면서 은은한 바로 당신이네.

어머니는 팥알만 한 앙증맞은 빨간 열매를 따 말려, 누이동생들 생리통으로 배 아프다 하면 달여 주셨네. 흔들리는 마음 사로잡아 꼼짝달싹 못 하게 한 당신이었네.

찔레꽃으로 진통제를 만드는 제약회사 있는 줄 몰랐네.

그러니까 너야 · 100

–옐로우하우스 여자

자갈마당이나 오팔팔에서 구르고 굴러갈 데까지 가다가,
항구 쪽으로 떠밀려 생의 굴곡이 너덜너덜하게 천하고 값싼,
화장품으로 얼굴 덕지덕지 발랐으나 몸맵시 죽이는 여자.

서성이던 외로운 사내들이 그녀와 하룻밤을 흥정하고, 노
란 대문을 열고 들어가 분홍빛 침대에서 재미를 볼 때, 밑에
깔려서도 그리스 껌을 씹으며 만화책을 읽던 여자.

오빠, 빨리빨리 끝내야지 왜이래, 내 몸은 시간이 돈인데,
팁을 더 주던 지 아니면 내려와 씨 팔, 소리가 자연이던 여자,
껌 딱딱 씹으며 오빠 또 와 손 흔들던 옐로우하우스 그 여자.

|해설|

존재를 향한 솔직한 질문, 혹은 연민

—김어진의 시세계

손현숙 | 시인

그래, 이쯤 해두지…… 하지만 가장 좋은 것은 단순하고 솔직한 거지. 나머지는 모두 사족이고 헛소리일 뿐이야. 사실 그림 그릴 때는 아무 생각도 하지 않아. 색을 관찰하고 그걸 표현할 뿐이지.

—『세잔과의 대화』, 174쪽

시인에게 시는 어떻게 오는 것일까. 화가에게 그림은, 또 춤꾼에게 춤은 어떤 경로를 거쳐 모양과 색을 갖추면서 몸속으로 파고드는 것일까. 화가 '폴 세잔'은 기교 없음의 기교를 몸소 실천했던 예술가였다. 그는 한자리에서 '생트빅투아르 산'을 20년 넘게 그리기도 했다. 많은 사람들의 질문은 한결같았다. "누구나 보고 누구나의 눈 속에 똑같이 투영되는 저

산을 당신은 왜 맨날 그리도 열심히 그리는 것입니까?"였다. 그리고 그의 대답 또한 한결같았다. 매일 한자리에서 바라보는 저 산의 모습은 색채와 채광과 모습이 매일 변한다는 것이었다. 그의 시선과 감각은 대상을 향해서만 오롯이 열려있어서 자신의 주장보다는 대상이 열고자 하는 자연의 모습에 절로 마음을 기울였던 듯하다. 아마도 그의 마음속에서는 진실보다 아름다운 것은 없으며, 오직 진실만이 사랑할 가치가 있다고 생각했던 것은 아닐까. 저마다 예술가들이 느끼는 진실의 의미는 모두 달라도 궁극의 목적은 아름다움 혹은 기교없음의 기교가 가져다주는 고졸한 미학, 단순과 솔직이 아니었을까. 그러니까 세상에 생명을 갖고 태어난 만물은 모두가 생기를 유지하고 있어서 몸에는 따뜻한 피가 흐르고, 만지고 싶은 살결을 가지고 있다는 단순한 경외심에서 예술가들은 위대한 작품을 탄생시켰을 것이다. 가장 낮은 자세로 그러나 가장 높은 정신을 보유하면서.

김어진 시인의 시집 도처에 출몰하는 자연과 사람과 그리고 저마다 이어지는 관계의 모습에서도 진실에 닿고자 하는 간절함은 간절함을 넘어선 어떤 지점을 향해 간다. 시인은 시간과 공간이 서로 상호 교차하는 곳에서 타자를 변화시키고자 하는 의협심보다는 자신의 내부고발로 파고드는 구체적인 필법을 구사한다. 산수 간에 절로 흘러가는 시간의 필법을 담담하게 종이 위에 받아 적는 방식으로 표면의 화려함보다는 깊이를 향한 부단한 노력을 마다하지 않는다. 무엇을 숨기거나 감추려는 애매나 모호함을 벗어나서 단순과 솔직을 무기로 삼아 사건과 관찰만으로도 시가 되는 지평을 열어 보인다. 그것은 단순한 방법으로 세상의 중심을 향해 나아가고자 했던 세잔의 시선을 닮아있다고 해도 과언은 아니다. 이 세상을 가장 단순한 세모와 원통과 원뿔의 기호 속에서 오로지 색감으로 원근과 깊이를 나타내려고 애를 썼던 세잔의 작업처럼 김어진의 시작업 또한 이와 유사하다. 봄이면 봄의 모습을 단순한 방법으로 직설적으로 표현하고, 겨울이면 겨울의 모습 그대로, 슬픔과 기쁨의 모습도 직정적인 듯하면서도 단순한 깊이로 언어를 부린다. 그것은 눈 앞에 펼쳐지는 장면이나 서사를 평행한 선의 넓이와 수직선의 단순한 깊이를 구사하는 것으로 독자들에게 오늘의 현실 그리고 당신의 오늘을 생각하게 하는 여지를 남겨두는 입체를 허용한다. 이는 "우리는 탄생과 초록색 사춘기와 붉은 청춘기와 감청색의, 장년기와 갈색의 황혼기 다섯 번 재탄생을 색칠하며 산다."(『그러니까 너야 84-나를 훔치다』)처럼 사건과 정황만으로도 옆길을 에둘러서 간접적 사실을 알게 하는 시인의 필법이다. 이렇게 시속에서 사물들은 살아있는 듯 틀어지면서 멀어지기도 혹은 다가서기도 하는 생생한 경험을 시인은 '그러니까 너야'라는 다소 거친 듯, 단정적 선언을 우리에게 한다.

여기에서는 시인의 연작시 '그러니까 너야' 100편 중에서 '시인에게 시는 그렇게 온다'와 '가까이 그러나 너무 가깝지는 말게' 그리고 '그러니까 당신은 나의,'를 살펴 읽는다.

시인에게 시는 그렇게 온다

표범이 수풀 속에서 몸을 낮추어 직선거리를 훔치고 있다. 훔쳐야 먹이를 잡을 수 있으니 이 또한 나쁘다 하지 마라. 임팔라 목을 물어 피가 흐르자 하이에나 떼가 나타났다. 훔친 걸 또 훔쳐 피 튀겨 나누어 먹는 게 자연의 경제다.

우리는 탄생과 초록색 사춘기와 붉은 청춘기와 감청색의, 장년기와 갈색의 황혼기 다섯 번 재탄생을 색칠하며 산다. 색칠은 이웃하는 것들의 친구와 연인을 훔치는 발명이다. 저 발명 때문에 나는 떨리는 영혼을 훔치는 도벽이 생겼다.

—「그러니까 너야·84—나를 훔치다」

다시 묻지만, 시는 시인에게 어떻게 오는 것일까. 김어진 시인의 경우는 사건이 있으면 그것을 관찰하는 관찰자의 눈으로 자세를 잡는다. 그것을 다시 인생의 알레고리로 알고리즘화한다. 그리고는 곧바로 대상을 향해 질문에 돌입한다. 그래서 그 모든 사건과 관찰과 장면들은 지금의 세상에서 어떻게 작용을 하면서 어쨌단 말인가?로 정면 승부수를 던진다. 이 속에서 시의 수사적 문제라든지 비유법이나 상징발화의 의미를 찾기보다는 시가 지향하는 지점을 향해 시선을 돌리는 것이 시인의 필법을 독해하는 지름길일 것이다. 위의 시에서 화자가 닿고 싶은 지점은 "자연의 경제"이다. 이는 화폐를 사용하지 않고 현물로 교환한다는 뜻으로 경제구조의 가장 하위개념으로 실질적이면서도 사실적인 경제용어이다. 그러나 먹고살고자 하는 자연의 이치에서 먹이를 향한 포식자의 입장을 이야기하는 것은 사실은 숨겨놓은 의미를 내포한다. 혹시 지금 이 시를 읽는 당신은 한 집안의 가장이 아니실는지? 그렇다면 여기 "표범이 수풀 속에서 몸을 낮추어 직선거리를 훔치고 있다."의 발화에 마음을 모아보시라. 당신의 모습이 또렷하게 보이지 않는가. 먹이를 훔쳐야 하루의 일용할 양식이 생기고, 또 포식자는 그렇게 다른 개체의 피를 보아야 내 식솔의 먹이를 구할 수 있는 가장의 모습이

중첩해서 보이지는 않는지? 시인은 연을 달리하면서 "훔치다"의 의미를 사랑의 영역까지 확산한다. 그 훔치는 행위 자체를 발명의 수준으로 끌어올려 놓고 시인은 은근슬쩍 "그러니까 너야" 하면서 우리는 모두 무엇인가를 훔쳐야 그곳에 도달할 수 있는 슬픈 존재들임을 설파한다.

거울 보고 머리 빗는데 좌측에 가르마가 선명하다.
그러나 거울의 입장에서는 우측이라고 항변한다.

굴비를 거울에 비추면 비굴이 되고,
문학을 거울에 비추니 학문이 됐다.

어머니는 내 거울의 왼쪽,
아버지는 내 거울의 오른쪽,

내가 태어나 오른팔 먼저 입혀 오른손잡이,
내가 태어나 왼쪽으로 가르마 타 좌측가르마.

내가 보는 거울은 나를 좌측에 두고,
거울 입장에서는 나를 오른쪽에 둔다.

거울에는

왼쪽 오른쪽의 일란성 쌍둥이가 산다.

—「그러니까 너야·49—거울을 보다」

시는 발견일까. 발명일까. 그저 시인에게 오는 숙명적 질문들일까. 거울 앞에서 자신을 비워 본 사람들은 모두 위의 시에 공감할 것이다. 시인 '이상'은 내가 내미는 오른손을 거울 속의 당신은 왼손으로 마주 잡는다는 현실을 보여주기도 했다. 위의 시에서도 거울 속에 비친 자신의 가르마를 보면서 대체적으로 어긋나는 현실을 열어 보인다. 화자의 가르마는 분명 우측인데 거울 속의 화자는 버젓하게 왼쪽에 가르마를 탄 또 다른 나이다. 저 속의 나를 나라고 볼 수 있을까, 없을까. 나이면서 내가 아니고. 나라고 생각했지만 내가 아닌 타인을 우리는 무수하게 경험하고 산다. 나라고 생각했지만 어떤 역할이나 방향에 따라 변하고 변해야만 하고 변해있는 나를 바라보면서 화자는 거울이라는 하나의 기표를 내세워서 나와 나 아닌 나를 시의 말로 표현한다. 살면서 근사하고 싶었던 어떤 순간들이 사실은 비굴을 바탕으로 깔고 있는 무엇일지도 모른다는 현실. 그것을 비싼 화폐가치로 굴비를 기표화하여 거울 속의 비굴로 상징 발화한다. 그러니까 굴비나 비굴이나 한 몸에서 나온 두 형제의 다른 모습처럼 거기서 거기라는 생각. 우리는 모두 어떤 선택지에서 오른쪽이라는 바른길로 당당하게 온 것 같지만, 궁극의 도착지점은 왼쪽으로 완전히 다른 방향의 지점에 도달해 있는 지금 현재, 우리들의 모습들. 그렇다면 당신은 지금 어떠신지? 나의 길은 모두가 옳았노라 당당하게 외칠 수 있는지, 시인은 우리에게 가만가만 질문한다.

비도 바람도 나무도 꽃도 새도 짐승도 사랑도 너도 잡아당긴다. 나무에 꽃은 피고 이파리 돋아나고 온도가 내려가면 움츠러들어, 낙엽 되어 떨어지는 것은 머리채를 휘어 잡아당기기 때문이다.

잠자리가 꽃 진 나뭇가지 꼭대기에서 태양 빛으로 목욕 중이다. 지구는 내려오라 잡아당기고 잠자리는 싫다 지구를 잡아당기더니, 가을 허공 속으로 잡아당겨지는 데 지빠귀가 날아와 잡아먹는다.

가을이 햇빛의 꼬리를 앞뒤로 엿가락 늘이듯 잡아당기고 있다. 어느 가을에 울면서 멀어져간 당신 마음을 잡지 못해 아쉬워하는데, 이럴 때 하필 서로 잡아당기다가 찢어져 구멍이 난 청바지 같았다.

—「그러니까 너야·82—잡아당기는 것들」

서로 끌림이란 무엇일까. 시인의 일갈로 보자면 서로 잡아당기는 무엇이다. 나와 당신 사이에 혹은 산수 간의 공백 속에도 끌림은 존재한다. 삶과 죽음 사이에도, 먹이와 먹이 아닌 것들 관계에서도, 지구와 달 혹은 명왕성과 천왕성 사이에서도, 잡아당기는 무엇들은 버젓하게 존재한다. 위의 시에서 화자는 우리가 무심히 지나칠 수 있는 오늘의 어떤 현상들을 가만히 나열하면서 이 모든 것들은 서로 잡아당기는 힘의 논리로 존재한다고 발화한다. 이 세상 존재하는 무엇 하나도 우연이 아닌 자연 현상계의 끌림, 즉 잡아당기는 논리 안에서 서로 팽팽하게 존재한다고 일갈한다. 그래서 시인은 '그러니까 너야'라는 연작시를 통해 무엇 하나 우연은 없는 것이고 모두가 필연에 의해 잡아당기는 원리 속에서 이루어지는 자연의 현상임을 비와 바람과 꽃과 새와 잠자리와 그럼에 도 불구하고 더러는 허방으로 떨어지는 잡아당김의 실패에 관하여서도 기술한다.

> 이내 가슴이 울렁거려 은하계를 얼마나 헤집고 날아다녔을까, 곧 지상으로 뚝 떨어진다. 오줌보가 고무풍선처럼 빵빵하게 부풀어 터질 듯하다.
>
> —「그러니까 너야·59—저승을 다녀오다」, 부분

> 이 순간 행복해라, 행복해라, 마법의 주문을 걸었다. 새까만 밤하늘에 자발적으로 넘쳐흐르듯 부풀어 오른, 흰 달이 뜨는
>
> —「그러니까 너야·64—덤」, 부분

> 누이동생한테 지고 손잡이 달 거울을 사준 적이 있다. 귀뚜라미가 울어 하늘을 보니 달이 잘 익어 먹음직스러웠다. 달에 홀린 귀뚜라미 우는데 왜 내가 미안한지 나도 모른다.
>
> —「그러니까 너야·74—달에 홀린 귀뚜라미」, 부분

위의 시들은 모두 단순하면서도 솔직한 시인의 시 편들 중에서 부분을 발췌한 것이다. 시가 시인에게 어떻게 오는가,를 고민하면서 김어진 시인의 시를 읽었다. 시인은 아주 단순하면서도 간결한 방식으로 대상을 불러와서 시의 형식으로 발화를 한다. 꼬이지도 않았고 언어를 해체하지도 않았으며 복잡하게 주체를 비틀지도 않았다. 시인은 다만 직선의 거리에서 대상을 향해 정직하게 걸어가면서 말을 건다. 바위가 나오면 바위처럼, 귀뚜라미를 만나면 귀뚜라미의 어법으로. 우주를 화자의 안으로 끌어들일 때도 서슴없고 망설임이 없다. 짧게 인용한 위의 시편들은 모두 깨달음의 형식들이지만, 그 속에는 깨달음만이 있는 것은 아니다. 시인 내면에 잠재하는 마음의 결이 부드럽게 언표되면서 인간이 궁극에 가야 할 방향을 제시하기도 한다. "죽은 자의 수의에는 호주머니가

없다"처럼 그러니까 당신, 지금 너무 욕심내지 말라는 시인의, 시인다운 호소도 한 몫을 한다.

가까이 그러나 너무 가깝지는 말게

사랑한단 말 누군가에게 해줄 수 없으니 눈물이 났다.
커피가 당신의 거울에게 그 죄를 말하라고 타일렀다.
누군가 익숙한 얼굴이 거울 속 저편에서 어른거렸다.

—「그러니까 너야·63—혼자 사랑하는 법」, 부분

김어진의 시집은 단순하면서도 솔직한 어법으로 줄기차다. 그런 자세와 태도로 시인은 일관성 있게 질문한다. 사람의 마음은 사람에게 가서 닿을 수 있는 무엇인가. 사랑은 나와 타자 간에 이루어지는 소통인가, 아니면 대상을 향한 홀로의 몸부림인가. 내가 누군가에게 가서 닿고 싶을 때 혹시 대상은 그만큼 뒤로 물러났던 것은 아닌가. 혹은 대상이 객체인 나에게 들어왔을 때 나의 반응은 전혀 모르거나 냉정하게 외면했던 것은 아닐까. 여러 가지 가능성을 열어놓고 시인은 타자에게 건너가는 방법을 모색한다. 그리고 위의 시에서는 혼자 사랑하는 법이라는 부제를 전제로 외사랑에 대해 골몰한다. 닿을 수 없는 무엇에 관하여. 그리고 그것을 폭력적으로 받아

들여야 하는 비극적인 상황에 관하여 시인은 시의 방식으로 아름답게 발화한다. 결국 시는 인간의 슬픔에서 흘러나오는 비극의 지점을 받아쓰는 예술이 아닐까, 질문하면서 생각한다. 그러니까 혹시 당신, 사랑의 슬픔, 상실로 가슴 아래 어디쯤 통증은 없으신지?

아파트 섬과 섬 사이에 어린이 놀이터가 있다.
어린아이가 그네 타고 빽빽 소리 지르며 놀고,

나무 위에서 휘파람새가 소리 지르며 소통하고,
나무 가운데서 매미가 소리 지르며 구애하고,

나무 아래에서 개미가 소리 지르며 먹이 찾고,
도로에서는 앰블런스가 소리 지르며 달려가고,

가만히 보면 소리 지르지 않고 되는 일이 없다.

—「그러니까 너야·38—소리지르기」

위의 시에서는 다소 시끄러운 방식으로 타자에게 건너가는 소통의 방식을 발화한다. 시의 장면 속에는 놀이터, 휘파람새, 매미, 개미, 앰블런스, 그리고 당신이 등장한다. 1연에서는 "아파트 섬과 섬 사이에 어린이 놀이터가 있다."로 아파트를

섬으로 치환하고 그 섬과 섬 사이에 징검다리처럼 어린이 놀이터를 장치해 놓았다. 이 놀이터는 누구라도 쉬어갈 수 있고, 누구라도 떠날 수 있는 자유의 장소이다. 이곳에서 아이들은 저마다 자기 나라의 언어로 소리 지르기를 한다. 그리고 각자는 모두 고유한 나라의 낯선 언어가 모두 해독이 된다. 시인은 바로 그 지점에 주목을 한다. '소리 지르기'가 자유할 때 터지는 인간의 목소리. 그 소리가 높아질수록 소통은 쉽고 타자에게 건너가는 일이 가능하다고 믿는다. 이유는 소리 지르는 사람을 되돌아보게 하는 부름의 장치로 소리 지르기를 얹어놓았기 때문이다. 그 이후로 시인, 즉 화자는 사건에 집중하면서 저들을 관찰한다. 소리 지르기, 즉 대상을 돌아보게 하는 하나의 기호로 소리 지르기는 타자에게 건너가는 적극적인 방식으로 도구화된다. 마지막 연에서 고백처럼 서술하는 "끔찍이 사랑한다는 말도 소리 지르기이다."처럼 에둘러 가는 법 없이 단순하고 솔직한 사랑의 발화를 시인은 '그러니까 너야' 소리 지르기로 완성을 한다.

> 여태 봐온 시집들은 모두 페이지 숫자가 적혀 있다.
> 해가 항상 떴기 때문에 오늘도 뜰 것으로 믿는 것이다.
>
> 일찍 일어나는 새가 벌레를 잡는다는 것은 참말이다.

허나 일찍 일어나 잡힌 벌레는 죽는다는 것도 참말이다.

당신이 사랑한 페이지만 펼친다면 독서의 영양실조다.
그래서 내 시집에는 페이지 숫자를 표시하지 않으련다.

그녀가 나를 사랑했으니 어제는 그러하리라 믿었는데,
오늘은 다른 사랑에 빠졌으니 귀납도 변한다는 것이다.

—「그러니까 너야·39—귀납」

사랑에 공식이 있다고 믿지는 않는다. 물론 화자 또한 사랑의 다양성에 관하여 이야기를 한다. 일단 연역법과 귀납법에 관해서는 익히 알고 있는 사실이다. 연역은 핵심으로부터 넓게 펼쳐지는 느낌이고, 귀납은 중심으로 다시 돌아가는 느낌이다. 따라서 연역은 일반에서 개별적 원리를 끌어내는 방식이고, 귀납은 개별적 원리에서 보편적 느낌을 이끌어 내는 것이다. 즉 귀납은 전제와 결론이 일치해야 한다는 점에서 연역보다 조금 더 탄탄한 느낌을 받는다. 위의 시에서 굳이 귀납이라는 부제를 단 이유 또한 변하지 말아야 하는 어떤 전제를 역설하는 것이다. 해는 항상 동쪽에서 뜨는 것, 여자가 아기를 잉태할 수 있는 것, 시집에는 페이지가 박혀 있는 것, 아침이면 밤의 껍질이 벗겨지는 것. 이런 원리라면 서로 사랑을 맹세했으면 끝까지 함께여야 하겠지만, 아마도 화자는 그와는 반대의 상황에 맞닥뜨린 모양이다. 예를 들면 "그녀가 나를 사랑했으니 어제는 그러하리라 믿었는데,"처럼 사랑은 변하지 않는 무엇이라 생각한 화자에게 다음 행에서는 "오늘은 다른 사랑에 빠졌으니"로 사랑의 변심에 관하여 살짝 분노한다. 다시 첫 행으로 올라와서 화자는 아주 엉뚱한 이야기를 한다. 사랑과 시집 페이지의 숫자와 무슨 상관이란 말인가. 그런데 상관이 있다. 변심한 사랑을 향해 살짝 보이콧을 놓는 방식. 아니다, 살짝 반항이라도 해야 하는 것 아닐까. 그리하여 화자는 아주 건강한 결론에 다다르는데. "당신이 사랑한 페이지만 펼친다면 독서의 영양실조다."로 사랑의 지속이나 변함없음에 경계를 허문다. 그러니까 사랑은 변하는 걸까, 변하지 않는 걸까. 사랑은 변한다.

그러니까 당신은 나의,

하루의 책장을 넘긴다는 것은 세상이 바뀌는 소리이다. 세상이 바뀌는 소리는 몸의 물이 빠져 늙어가는 소리다. 호르몬의 노예가 된 어느 여름날 밤 시집 책장을 넘긴다.

아버지가 책 읽을 때는 어머니는 베 옷감 짜고 계셨다. 어디에 쓸 거냐 물어보면 잠잘 때 입는 옷이라 하셨다. 두 벌의 옷 지을 옷감을 생산하자 어머니는 흡족해 하셨다.

어머니가 손수 지으신 노란 삼베 수의가 참 잘 어울렸다. 아버지는 잠옷이 편한지 세상모르고 깨어날 줄 모르셨다. 상중에 비가 내리니 문상객이 하늘도 슬퍼서 우네 하셨다.

황천 가는 길에 몇 푼 노잣돈과 책 한 권 넣어 드렸다. 칠월칠석이 되면 아버지 책장 넘기는 소리가 들리는데, 옛날 생각이 베짱이 알 낳듯 어머니 베틀 소리가 정겨웠다.

―「그러니까 너야·32―책장 넘기는 소리」

사랑은 어쩌면 부재의 존재를 증명하는 방법일지도 모른다. 시인은 지금 부재하는 아버지를 책장 넘기는 소리로 소환한다. 그러니까 그것은 자명한 그리움. 기어코 사라지거나 넘겨야 하는 운명 앞에 잠시 머물러서 그리움을 환대하는 시인의 방법이다. 조금은 감성적인 "호르몬의 노예가 된" 어느 날, 누군가의 시집을 읽으면서 시 속의 정경에 몰입한다. 그러나 사실 시집의 전체 흐름에는 관심을 두지 않는다. 다만 책장을 넘기면서 원형 심상에 골똘하다. 그것은 아버지, 그리고 어머니. 그 이후 장면의 전환은 사뭇 정겨우면서도 비장하다. 아버지의 책 읽는 모습과 어머니의 베 옷감 짜는 모습은 아마도 시인의 어릴 적 모습이 아니었을까, 짐작만 한다. 시인이 불러낸 이 아름다운 정경은 평생 시인을 따라다녔을 것이고, 결국은 시인을 시인답게 살게 하는 중요한 장면으로 자리매김을 한다. 그런데 어머니는 왜 삼베 옷감을, 그것도 지아비 곁에서 손수 지으셨을까. 아마도 시의 정황상 아버지가 먼저 돌아가셨던 듯하다. 그리고 시인은 이생의 장면을 그저 한 장 책장 넘기면서 바뀌는 장면이나 소리 혹은 어머니 베틀에서 한 올 한 올 짜올리는 옷감으로 치환한다. 아름답지 않은가, 책장이 넘어가는 소리. 옷감이 짜 오르는 광경. 마지막 연에 이르러서 견우와 직녀가 만난다는 칠월칠석날이 명시되면서 시의 전체 명제가 밝혀진다. 그러니까 너야, 즉 아버지는 시인의 커다란 배경이 되었음을 알겠다. 우리네 생은 누구나 책장 넘어가듯 언젠가는 페이지가 뒤로 밀리는 것일 터. 정성스레 짜 올려서 겨우 지은 옷 한 벌 속으로 몸을 가두는 속절없는 존재라는 것이다.

> 이맘때쯤이면 오전 시외버스가 도착했다. 어머니가 산나물 팔기 위해 정거장에 난전을 펴셨다. 여동생이 직장에 처음 출근하던 날, 우물물에 설탕을 타서 막내 여동생하고 시원하게 마셨다. 집안 형편이 좀 힘 피겠다며 자작나무가 좋아했다.
>
> —「그러니까 너야·27-자작나무길」, 부분

자작나무길 첫 연 첫 행을 보면 "자작나무들이 공중 부양하는 길의 양쪽을 붙잡고"라는 진술이 나온다. 자작나무가 어떤 나무인지 잘 모르는 독자들도 여기 묘파 된 묘사를 보면 자작나무에 대한 심상은 어느 정도 일치하는 부분이 있으리라. 그것은 모진 풍파에도 지거나 꺾이거나 부러지지 않는 모습. 마치 그 모습은 중력의 힘을 거부한 채 무엇인가를 향해 앞으로 나아가는 용맹정진의 기표로 간파된다. 비록 시 속의 화자가 그때, 곧 시간의 장면을 넘어서서 지금은 "우물물에 설탕을 타서 막내 여동생하고" 나눠마셔야 하는 가난의 시절이라 해도 자작나무처럼 누군가 뒤를 버텨주는 무엇이 있다면 세상은 희망이 있다. 그렇게 우리들의 버팀목인 어머니, "어머니가 산나물 팔기 위해 정거장에 난전을 펴셨다." 처럼 창피나 수모도 마다하지 않고 새끼를 거둬 먹이시는 어머니의 힘, 사랑 앞에서 새끼들은 무조건 앞으로 나아갈 수 있겠다.

> 밤에도 달맞이꽃은 부러지지 않고 호박잎 사이에서 버텼다.
> 쇠비름이 호박밭에서 잘 자라는데 호박잎 그늘 덕분이다.
> 잡초 야생화 나물들은 후덕한 성품 때문에 그를 좋아했다.
> (중략)
> 호박잎에는 보시의 뜻이 있어 우리 경전에 저녁은 풍성하다.

장맛비가 북 두드릴 때 호박잎에 강된장 발라 싸 먹었다.
어머니 몸에 장맛비가 내렸다 그 장맛비 다 마셔야 한다.
—「그러니까 너야·28—호박잎」, 부분

사랑은 힘이 세다. 그러나 거기에는 무서운 조건이 따라붙는다. 맹목의 사랑. 무엇인가를 지키고자 하는 어떤 맹목의 돌진. 인성을 뛰어넘는 자연의 힘. 시인은 어머니라는 명제 앞에 그런 것들을 나열한다. 무엇이 저 연약하면서도 가망 없는 생명을 저리도 당당하게 키워낼 수 있는 것일까. 시는 그런 질문들을 전제로 하면서 언어를 풀어낸다. 거두절미하고 호박잎 그늘 같은 후덕한 성품. 그럼에도 우리는 또 그것들을 내 몸으로 만들기 위해 몽땅 쌈 싸 먹는 비겁하면서도 잔인한 존재. 그 모든 것을 알면서도 맹목의 보따리를 아무렇지도 않게 펼쳐놓고 평생 몸 보시하시는 어머니. 윤회의 바퀴 돌아가듯 여전히 "호박잎에 강된장 발라 싸 먹"는 우리들. 결국 "어머니 몸에 장맛비가 내렸다 그 장맛비 다 마셔야 한다."로 사랑은 되갚을 수도 갚아지지도 않는 속절없는 무엇임을 시인은 가만히, 간절하게 읍소한다.

시인의 필법은 독자를 혼란에 빠뜨리지 않았다. 또한 시 속의 주체와 시인 자신을 멀리 떨어뜨려 놓지도 않았고, 그렇다고 몸 가까이 붙이지도 않는 중용의 경제 미학을 고수한다. 시와 시인의 경계를 지우면서 그러나 그 담장에 꽃 덩굴을 성큼 올리는 솜씨. 그것을 필자는 김어진 시인이 세상을 대하는 태도라고 이해했다. 그러니까 그것은 안음, 세상을 사랑하는 시인의 필법이라 해도 좋겠다. 존재를 향한 솔직한 질문 혹은 연민.

여름 바닷가에서 나룻배 사공이 주걱으로 노를 젓는다.
바람이 불자 하얀 깃털 날리며 저어새들이 날아오른다.
날아오르는 것들은 내려오기 위한 풍경으로 돌아온다.
검은 주걱부리 천사들이 멸종이 되면 어쩌나 걱정된다.

저어새는 눈이 째진 교활한 여우의 성찬을 바라지 않으며,
저어새는 능청하고 의뭉한 너구리의 식탐을 바라지 않는다.
저어새 구경한 저녁에 흰 수건 쓴 어머니가 부엌에서,
김이 모락거리는 가마솥에서 주걱으로 휘휘 밥 푸고 계셨다.

—「그러니까 너야·77—저어새」